Das Buch

Nach erfolgreich »absolviertem« Coming-out und exzessiven Szene-Erfahrungen stellt sich bei den meisten Schwulen oft die Sehnsucht nach *mehr* ein – nach einem festen Partner, einer dauerhaften Beziehung, nach LIEBE. Doch wieso verscherzen wir uns immer wieder unsere Beziehungen?

Dieser praktische und zugleich witzige Ratgeber liefert Vorschläge für ein harmonisches Miteinander und einen verständnisvollen Umgang mit dem Mann, den man liebt – und den eigenen Gefühlen. Er widmet sich dem »Leidmotiv« schwuler Beziehungen – der Trennung – und vermittelt Tips und Tricks, wie man diese nicht nur überlebt, sondern auch zum Anlaß nehmen kann, als Phönix aus der Asche zu steigen. ›Nur nicht aus Liebe weinen?‹ ist eine lust- und humorvolle Analyse der männlichen Gefühlswelt.

Der Autor

Volker Ludewig (Zwilling, Aszendent Waage) zog es, kaum daß er flügge geworden war, 1988 nach Berlin. Dort widmete er sich nicht nur dem Anglistikstudium, sondern betätigte sich auch auf den Forschungsfeldern »Vergleichende Beziehungswissenschaften« und »Schwule Beobachtungen«. Das Anglistikstudium schloß er 1996 als Magister ab – auf den anderen Gebieten forscht er bis heute.

Seit 1995 leitet er das Plattenlabel Viellieb Rekords – »Deutschlands beste Adresse für die avantgardistische Chanson-Elite«. Seit ›Like a Prayer‹ ist er Madonna-Fan. ›Nur nicht aus Liebe weinen?‹ ist sein drittes Buch.

Volker Ludewig

Nur nicht aus Liebe weinen?

Frust und Freuden
schwuler Beziehungen

Mit Illustrationen
von Julia Neuenhausen

Ullstein

Ein Projekt der Edition diá, Berlin

Ullstein Taschenbuchverlag 2000
Der Ullstein Taschenbuchverlag ist ein Unternehmen der
Econ Ullstein List Verlag GmbH & Co. KG, München
Originalausgabe

Illustrationen: Julia Neuenhausen
Umschlagkonzept: Lohmüller Werbeagentur
GmbH & Co. KG, Berlin
Umschlaggestaltung: Bauer + Möhring, Berlin
Titelabbildung: Frank Burkhard (www.frankfolio.de)
Gestaltung und Satz: Rainer Zenz, Berlin
Druck und Bindearbeiten: Clausen & Bosse, Leck
Printed in Germany
ISBN 3-548-35962-0

Inhalt

Für Romy
* 8. April 1999!

Prolog

4 Herzen

Manche Menschen haben Herzen
Die sind grad so groß wie Erbsen
Und du denkst dir
Für all dieses Leben
Für all dieses Leben
Muß es viel mehr Herzen geben
Und auch für all die Liebe fehlen
Dir mindestens noch einige Seelen
Nicht nur 2 Seelen will ich haben
4 Seelen, 4 Herzen, um alles herumzutragen
4 Herzen, rote, fette
2 für Freude, 2 für Schmerzen
2 x weiße und 2 x schwarze Seelen
2 zum Singen, 2 zum Quälen
Und 4 Hirne, ganz zum Schluß
Daß ich nichts mehr vergessen muß
Gib mir 4, gib mir 4
Sonst bin ich ein traurig Tier
Gib mir 6 oder mehr
Gib sie her, gib sie her!

Cora Frost

Einleitung

»Eine Frau ist wie ein Teebeutel: Man weiß nicht,
wie stark sie ist, bis man sie ins kochende Wasser wirft.«
Nancy Reagan

Was tue ich, wenn es mir schlecht geht oder mich eine Situation überfordert? Wenn Sie diesen Satz lesen, haben wir schon eines gemeinsam, denn auch ich besorge mir in so einem Fall erst einmal ein Buch zum Thema – mein traditionellerweise erster Schritt, wenn alles Grübeln und Graben mich nicht weiterbringt. Denn die frustrierenden Schicksalsschläge, mit denen man zeit seines Lebens konfrontiert wird, sind keine Einzelfälle. Längst hat sich jemand literarisch, lyrisch oder wissenschaftlich darüber ausgebreitet. Im menschlichen Leben und Erleben passieren nicht so wahnsinnig viele Neuigkeiten, alles ist schon einmal dagewesen, nur in anderer Besetzung.

Warum dann also ein Buch zum Thema »schwule Beziehung und Trennung« verfassen? Weil mir, seit ich lesen kann, nur ein einziger Ratgeber dazu in die Hände gefallen ist, der interessant und witzig geschrieben ist, der Anregungen liefert und mich tatsächlich weitergebracht hat. Es gibt zwar jede Menge Coming-out-Literatur, aber ein Buch für (Beziehungs-)Probleme findet sich in deutschen Buchläden kaum. Dem wird hiermit abgeholfen.

Das also war der abstrakte Grund für dieses Buch. Der persönliche lautet: Ich bin sitzengelassen worden und habe gelitten; bin aus einer Beziehung hinausgeworfen worden, die mir viel bedeutete und gab; wurde des Paradieses verwiesen, um etwas biblisches Bildgut ins Spiel zu bringen …

Nicht, daß die Beziehung rund um die Uhr paradiesisch gewesen wäre, aber die meiste Zeit gab sie mir ein gutes Gefühl. Wenn ich nach dem Aus nicht gerade heulte oder tobte, kam ich ins Grübeln, was denn eigentlich schiefgelaufen war, sprach mit vielen Freunden und nicht wenigen Fremden über meine und ihre Erfahrungen. Es kristallisierten sich die immer gleichen Grundmuster heraus, und ich dachte: Wäre ja gelacht, wenn man das nicht in den Griff bekäme.

Von diesen Unterhaltungen profitiere ich bis heute sehr und habe erkannt, daß das Ende dieser Beziehung eine Entwicklung anstieß, wie sie zehn Jahre Therapie nicht hätten hervorbringen können. Das Buch ›Schicksal als Chance‹ gibt es bereits, sonst hätte ich dieses Motto gerne als Untertitel für mein Werk gewählt. Lassen Sie es mich so sagen: In der Beziehung habe ich gelernt, und durch die Trennung bin ich gewachsen. Der nächste Schritt in der Entwicklung war, nicht wieder in alte Muster zu verfallen, statt dessen das Neuerlernte zu erhalten und dann in die nächste Beziehung einzubringen. Auch dabei soll dieses Buch helfen.

Singlesein ist kein Stigma, auch wenn es einem so vorkommt, wenn man gerade unfreiwillig zum Single gemacht wurde. Das Leben in einer Beziehung ist etwas, das die meisten Schwulen (natürlich nicht nur sie) sehnsüchtig idealisieren und woran sie scheitern, sobald die Flitterwochen vorbei sind. Das muß aber nicht unbedingt der Fall sein, wenn wir unsere Erwartungen auf ein realistisches Maß herunterschrauben und bereit sind, unsere Visionen zugunsten der Realität des Gegenübers zu relativieren. Es kann nicht jeder (mit) Markus Schenkenberg oder Brad Pitt (zusammen)sein. *Get real!*

Nachdem mein letzter Freund mit mir Schluß gemacht hatte, habe ich nachträglich Beziehungsarbeit geleistet und mir Stapel von Selbsthilfebüchern zugelegt, einige davon sogar gelesen. Und – Überraschung: Es half mir zu erkennen, woran meine Beziehung und ich in der Beziehung scheiterten und auch, wo die Grenzen meines Mannes lagen.

In der Trennungsphase beherzigte ich viele Ratschläge dieser Bücher; einige warf ich mit ein paar alten Angewohnheiten auf den Müll und entwickelte eigene Strategien, die ich aus keinem der Werke entnehmen konnte. Vielleicht braucht jeder eine individuelle Strategie – so sind auch meine Vorschläge nur Anregungen, selbst einen gangbaren Weg zu finden.

Wenn Sie gerade in einer Beziehung leben und sich mißverstanden fühlen, ist dies das Buch für Sie. Wenn Sie gerade nicht in einer Beziehung leben und sich fragen, warum eigentlich, dann ist dies das Buch für Sie. Und wenn Sie gerade eine Beziehung hinter sich haben und sich fragen, wie konnte es so vor die Hunde gehen und was soll ich jetzt bloß tun, dann ist dies erst recht das Buch für Sie.

Eingangs ein Grußwort an alle Sitzengelassenen: *It's not right, but it's okay – you're gonna make it anyway!* Egal, was Sie gerade denken, Sie sind nicht allein. Lassen Sie sich nicht mehr hängen als absolut notwendig. Gehen Sie zum Arzt, er soll Ihnen eine Klinikpackung Johanniskraut verschreiben. Halten Sie durch und den Kopf hoch. Alles geht vorüber. Für jede Tür, die Ihnen vor der Nase zugeknallt wird, öffnen sich mindestens zwei neue. Meine letzte Trennung tat mir so weh, daß es meinen Adjektivrahmen sprengt. Ich weiß, was in solch einer Lebenssituation in einem vorgeht, und ich weiß auch, daß diese Zeit des Leides nicht ewig währt. Es sei denn, wir lassen das zu, aber dann haben wir es auch nicht besser verdient.

Mit dem Einverständnis aller Beteiligten werde ich einige Briefe und Notizen abdrucken, die diese brodelnden Gefühle auf den Punkt bringen. Nicht, weil sie literarisch wertvoll sind, sondern weil es hilfreich ist zu sehen, daß auch andere Leute unter Druck stehen und durchknallen. Jeder hat das Recht dazu. Schon Rainer Maria Rilke gab den Tip, sein Leid in schön klingender Klage vorzutragen, damit es sich anderen vermittelt und helfen möge, eine ähnliche Situation durchzustehen. Diese Texte sollen auch als Anregung dienen, den Stift in die Hand zu nehmen und sich die Wut, den Haß und die Trauer von der Seele zu schreiben. Schreiben Sie Briefe, Emails! (Aber warten Sie drei Tage, bis Sie sie versenden, sonst geht es Ihnen wie einer Freundin von mir, die bei der Briefkastenleerung vor dem Briefträger niederknien mußte, um ihren besonders bitterbösen Brief wieder ausgehändigt zu bekommen.) Schreiben Sie Tagebuch, Ihr eigenes Selbsthilfebuch! Oder malen Sie Bilder, kleben Sie Collagen, basteln Sie Voodoo-Püppchen. Lassen Sie Ihre Energien fließen. Was Madonna für den Körper vorschlägt, *You got to just let your body go with the flow*, gilt für Geist und Seele in noch viel stärkerem Maße.

Manche Türen, die sich mir nach dem Ende der Beziehung öffneten, lagen allerdings in der Außenwand und im dritten Stock: Sie entpuppten sich als Ausgang ins Bodenlose. Aber in anderen Bereichen hat mich die Vertreibung aus dem Paradies weiter vorangebracht, als jede Beziehung es hätte tun können. Ich fand neue Freunde. Mein kreativer Output war nie größer und qualitativ wertvoller. Ich lernte alte Freunde neu kennen und merkte, daß es so etwas wie wahre Liebe gibt. Und: ich lernte, meine eigenen Bedürfnisse zu erkennen und zu formulieren. Nie zuvor in meinem Leben war ich ehrlicher mit mir selbst.

Noch einen schönen Nebeneffekt (der für die Freunde mitunter recht strapaziös war) hatte das Schlußmach-Drama: Ich durfte leiden wie sonst nur Greta Garbo, Judy Garland und … (setzen Sie die Diva Ihrer Wahl ein). Das Motto ist »Me – me – me« oder, um im eigenen Kulturkreis zu bleiben, »Icke!«. Wenn man echte Freunde hat, dann stehen die mit einem auch das durch. Doch bedenke: Irgendwann stehen Sie jemandem in derselben Situation an der Seite, also bitte, geben Sie den Service weiter oder verschenken Sie einfach dieses Buch. Nein, natürlich nicht dieses, das sie in der Hand halten – kaufen Sie ein neues! Es ist schlicht hilfreich, das Buch mit sich herumzutragen und in Krisensituationen den einen oder anderen affirmativen Satz zu lesen.

Aufrichtiger, herzlicher Dank gebührt denjenigen, die da waren, als das Boot sank. Ohne die Gespräche, die wir zum Thema »vergleichende Beziehungswissenschaft« geführt haben, wäre die Trennungsphase unerträglich, im Wortsinn trostlos gewesen und viel länger so geblieben. Ich wäre nicht zu den hier beschriebenen Überzeugungen gelangt, die meine *vita* wieder *dolce* gemacht haben.

Danke an Jürgen, Gabi, Julia, Georgette, Kai, Cora, Claudia, Rebecca, Matthias S., Susanne, Vivi, Christina, Mouron, Sabine, Frederic, Svenja, Eike, Terry, Margarete, Ingrid, Désirée und Kerstin. Dank an Ria für das Santa-Eulalia-Stipendium.

Danke, Klaus Fricke.

Dank meinen Ex-Freunden.

Dank an Kai und Helmut.

Dank auch den AutorInnen Deborah Tannen, Anthony Robbins, Dan Savage und Craig Nelson, deren Einfluß für dieses Buch maßgeblich war.

Dank an Madonna, die für jede Lebenssituation das passende Lied gesungen hat und von der deshalb die meisten Song-Zitate in diesem Buch stammen – ganz besonderer Dank für *Like a prayer, Express yourself, Human Nature* und first and foremost *The Power of Goodbye.*

Dank an Cora Frost, Georgette Dee, Michael von der Heide sowie Jean-Jacques Schuhl und Ingrid Caven, deren Texte ich hier abdrucke, wenn ich der Meinung bin, daß ihr Lied mehr ausdrückt als eine Analyse. Dank meinen Cover-Boys Frank und André und Dank an Julia Neuenhausen für die exquisiten Illustrationen.

PS: Haben Sie auch Freunde, die Ihnen Kassetten mit ihren Lieblingsliedern aufnehmen oder Ihnen Tapes machen, die für bestimmte Themen stehen? So ähnlich ist auch dieses Buch konzipiert. Vielleicht ist mal ein Lied dabei, das Ihnen nicht so gefällt. Trotzdem hoffe ich, daß Sie alles in allem Spaß haben und von der ein oder anderen Betrachtungsweise profitieren.

Vergessen Sie nie: Das Leben ist ein Chanson ... Sie haben manchmal vielleicht nicht das Textbuch zur Hand, aber immer immer immer das Recht, die Melodie zu komponieren.

Der gemeinsame Nenner

»I have a tale to tell – sometimes it gets
so hard to hide it well …«
Madonna

Das Dilemma

»Papa don't preach, I'm in trouble deep,
Papa don't preach, I've been losing sleep.
And I made up my mind – I'm gonna keep my Baby!«
Madonna

Circa 99 Prozent aller Schwulen erblicken mit einer denkbar ungünstigen Grundvoraussetzung das Licht der Welt: mit heterosexuellen Eltern. Nicht, daß die Eltern sich ihre Sexualität ausgesucht hätten – sie können nichts dafür. Man geht davon aus, daß Heterosexualität genetisch bedingt ist. Die Natur hat das sehr geschickt eingefädelt: Männer und Frauen machen Sex (damit das auch wirklich geschieht, ist der Fortpflanzungsakt praktischerweise mit Lustgefühlen gekoppelt) und setzen neue, kleine Menschen in die Welt, damit langfristig der Erhalt der Spezies gesichert ist und kurzfristig sich jemand im Alter um sie kümmert. Man sieht: Letztlich muß es Heteros geben, damit Schwule geboren werden können, deshalb sollten sie immer eine Nische in unserer Gesellschaft haben …

Wir Schwulen sind eine »Laune der Natur«. Da wir eine gute Laune sind, werden wir auch als »Gays« bezeichnet. Das soll jedoch nicht über die obenerwähnte Tatsache hinwegtäuschen: Wenn jemand Grund zum Frust hat, dann der Schwule. Ich möchte gar nicht wissen, wie hoch die Dunkelziffer schwuler Selbstmörder ist, die ihr Leben noch vor dem Coming-out eigenhändig beenden. Fast jeder Schwule, den ich kenne, hat einen mehr oder weniger ernsthaften Selbstmordversuch in seiner Biographie zu verbuchen.

Der kleine Unterschied

»Wenige Heteros werden von schwulen Paaren erzogen und verbringen Jahre damit, anzunehmen, sie seien auch schwul, ihre Pubertät damit, zu beten, sie wären schwul, schwul zu laufen, schwul zu reden, sich permanent zu überprüfen, ob Anzeichen von Heteroverhalten unangenehm auffallen könnte, und schwulen Sex zu haben – alles in der absurden Anstrengung, schwul zu werden. Schwule Jungen heterosexueller Eltern tun das umgekehrt die ganze Zeit.«
Dan Savage in ›Savage Love‹

Insbesondere der Schwule, dem schon in früher Kindheit auffiel, daß er irgendwie anders ist als die anderen Jungs, hat einen steinigen Weg vor sich. Bis man überhaupt ein Wort findet, das beschreibt, was man zu sein glaubt/befürchtet, gehen oft Jahre ins Land. Die Eltern lassen dem Kleinen nach bestem Wissen und Gewissen eine hetero-orientierte Erziehung angedeihen, so daß der Schwule früh in Zwiespalt gerät: Etwas läuft nicht richtig. Er kann die Erwartungen seiner Eltern nicht erfüllen. Und in den frühen Jahren ist das ein schwerwiegender Faktor, schließlich will man von den Eltern geliebt werden. Das erreicht man, indem man ihnen gefällt.

In meiner Kindheit war ich bereits eine kleine Tunte. Ich habe lieber mit Mädchen gespielt, hatte Barbies und verkleidete mich gerne als Frau. Heute trage ich Hosen, aber die Nähe, die ich zu Mädchen verspürte, fand damals ihren Ausdruck in der Verkleidung. Zu den Girls hatte ich einen besseren Draht – hier mußte ich mich nicht in Mannschaftssportarten beweisen, sondern es reichte, ein gutes Geheimnis zu haben oder eines zu wissen, das man ausplaudern konnte. Es ging nicht so sehr darum, sich durchzusetzen und zu behaupten, sondern ins Vertrauen gezogen zu werden und Nähe herzustellen. Ich habe mich quasi als Mädchen sozialisiert. Bis zum heutigen Tag ist mein kommunikativer Draht zu Frauen besser, und ich bin Äußerungen von Männern gegenüber kritischer (womit ich manchmal richtig liege, was aber in Beziehungen nicht immer vorteilhaft ist).

Zum weiblichen Anteil meines Wesens zu stehen war ein jahrelanger Prozeß, durch den ich merkte, wie wenig Weiblichkeit unsere Gesellschaft eigentlich ertragen kann. Weiblichkeit in einem Mann gilt als minderwertig. Man beachte, wie selbst »männliche« Schwule auf Tunten und Transen herabschauen (es sei denn, sie stehen erhöht: auf einer Bühne) – kein schöner Zug. Über die Jahre habe ich mich schließlich auch mit meiner männlichen Seite versöhnt. Heute sehe ich mich in der Liga der Schwulen, die sich auf die Schulter aschen, sich in einem Männerkörper wohler fühlen, als sie es in einem Frauenkörper tun würden *(Honni soit qui mal y pense)*, und alle Folgen von ›Absolutely Fabulous‹ auswendig kennen. Was der amerikanische Sex-Kolumnist Dan Savage über sich sagt, kann auch ich unterschreiben: »Trotz meines sensiblen Wesens bin ich ein Mann, und Männer sind Schweine. Schwule Männer ganz besonders.«

In meiner Kindheit mußte ich wegen meiner femininen Art viel Häme einstecken, und insbesondere in den Augen meines Vaters war ich wohl ein ziemliches Weichei, das darüber hinaus auch noch mit der Tradition brechen sollte: Als einziger Sohn hätte ich den Betrieb übernehmen sollen, der seit vier Generationen in Familienbesitz war. Schon zur Zeit meiner Einschulung war mir klar, daß ich diese Tradition nicht bedienen würde. Mein Karrierewunsch war, Filmschauspielerin zu werden, weil ich ziemlich sicher war, die Wiedergeburt von Marilyn Monroe zu sein …

Ich war ein sehr verunsichertes Kind – seltsamerweise fiel das niemandem besonders auf. Mir kam es so vor, als hätte ich einen Defekt, und bevor ich wußte, daß ich lediglich schwul war, dachte ich, ich sei geistesgestört und es würde mit mir ein schlimmes Ende nehmen. Damit ich nicht ausschließlich unangenehm auffiel, kultivierte ich meine Umgangsformen, und die meisten Erwachsenen (zumindest die Frauen) befanden, ich sei ein ganz reizendes Kind. Bis ich vierzehn wurde und meine Achselhaare sprossen.

Einem Freund von mir ging es ähnlich. Er fühlte sich in seiner Rolle fehlbesetzt, versuchte trotzdem, den Eltern zu gefallen, was ihm mit Hilfe seiner Intelligenz auch gelang – er machte ein glattes Einser-Abi. Zwischenzeitlich äußerte sich seine Andersartigkeit darin, daß er annahm, die Wiedergeburt Jesu Christi zu sein. Er hatte einen besonderen Draht zur Mutter Gottes und kam erst spät im Leben zu einer Glaubenskrise.

Ein anderer fand einen recht spektakulären Ausdruck für seine Frustration, die bei ihm weniger mit der Geschlechterrolle zu tun hatte als vielmehr mit dem »Jungs-geil-Finden« an sich. Er raste mit einem geklauten Auto in die (damals noch existente) Berliner Mauer, ohne Führerschein. BILD-Schlagzeile! Gott sei Dank überlebte er. Da begriff seine Familie, daß sich hinter seiner gepflegten Fassade Untiefen verbergen mußten.

Schuldzuweisungen: Glücklich ist, wer vergißt, was nicht mehr zu ändern ist

»Sobald wir spüren, daß wir anders sind, schauen wir uns Heteros ganz genau an … Wir observieren sie, ahmen sie nach, versuchen selbst als Hetero durchzugehen, sind hyperaufmerksam, was Heteroverhalten angeht, weil uns so schmerzhaft bewußt ist, daß wir nicht straight sind, es nie sein werden und dieses Nicht-straight-Sein ernste Konsequenzen für uns haben wird.«

Dan Savage

Es ist nicht fair, unseren Eltern die ganze Schuld zuzuschieben, schließlich konnten auch sie nicht wissen, daß ihre Erziehung in ihrem Kind das Gefühl erzeugt, es entspräche nicht ihren Vorstellungen und sei »unliebbar«. Schuldzuweisungen sind erst dann angebracht, wenn die Eltern versuchen, das Kind auf den »richtigen Pfad« zu bringen: durch Psychotherapie, Elektroschocks und allen möglichen und unmöglichen prähistorischen Unfug.

Entpuppt sich ein (Wunsch-)Kind als schwul, werden auch die Pläne der Eltern tüchtig durcheinandergewirbelt. Es wäre Zeit, *neue* Pläne zu machen, aber wir werden später sehen, wie schwierig es ist, von alten Erwartungen Abstand zu nehmen, geschweige denn eine atavistische Furcht vor dem Andersartigen abzubauen. Als Schwuler entspricht man nicht der Norm. Wir *sind* in der Minderheit, und wir werden vielleicht noch weniger, wenn die Genforschung weitere »Fortschritte« in der Auffindung eines Schwulen-Gens macht. (Ausrotten wird man uns dennoch nicht, obwohl es denkbar ist, daß Schwulsein zu einem exotischen oder Dritte-Welt-Phänomen werden könnte.)

Alles, was un-normal ist, wirkt beunruhigend. Ich bin ungefähr in dem Jahr geboren, in dem Roman Polanskis Film

›Rosemary's Baby‹ in die Kinos kam. Später wünschte ich mir, diesen Film zum Pflichtprogramm für alle Eltern schwuler Kinder zu machen. Denn Rosemary ist Frau genug, ihr Kind zu akzeptieren – und das, obwohl es Hufe und gelbe Augen hat, in einer Vergewaltigung gezeugt wurde und der Vater Satan höchstpersönlich ist. Die wenigsten Mütter haben das Format jener Rosemary, und die Väter haben sich noch einem Horror mehr zu stellen: Ihr Sohn will mit Männern schlafen – das ist doch ekelhaft! Bah! Wahrscheinlich hat er nur »die Richtige« noch nicht gefunden …

Was haben wohl Maria und Josef wirklich über ihr Kind gedacht, das sich zeit seines kurzen Lebens lieber mit einem Dutzend Männer als mit einer einzelnen Frau umgab, auf dem Wasser lief, Tote auferweckte und überall verkündete, er sei der Sohn Gottes! Ich glaube, die beiden waren ziemlich frustriert und haben sich gewünscht, er wäre weniger anders als die anderen, dann wäre ihm auch das schreckliche Ende erspart geblieben.

Wir alle hätten eine Rolle spielen sollen, die die Eltern und die Gesellschaft für uns geschrieben hatten. Daß wir das nicht konnten, ist das Kreuz, das *wir* mit uns herumschleppen. Zunächst bemühten wir uns darum, zu gefallen und dem Bild zu entsprechen, aber irgendwann stellten wir fest, daß wir unsere wahre Identität nicht länger verleugnen konnten. Bestenfalls erlebt man dann ein Coming-out, das von den Eltern unterstützt wird. Schlimmstenfalls geben sie einem das Gefühl, daß man unwürdig ist, überhaupt auf diesem Planeten zu leben. Die meisten Schwulen gehen einen Mittelweg. Nichtsdestotrotz fahren wir in den frühen Jahren ein großes Defizit ein: Wir halten uns für un-richtig (was wir nicht sind), un-normal (was uns auszeichnet) und trauen uns selbst nicht so recht über den Weg. Da geht es uns genauso wie unseren Eltern, schließlich wachsen wir mit ihren Werten auf.

Für viele Schwule bedeutet das in der Konsequenz, daß ein natürliches Selbstwertgefühl bei ihnen nicht angelegt ist. So abgelutscht das klingt: Man kann nicht lieben, man kann nicht geliebt werden, wenn man sich selbst nicht liebt. Die Abnabelung von der Familie, das Coming-out und die nächsten Jahre schwulen Lebens geben die Gelegenheit, sich aufs heftigste in sich selbst zu verlieben oder sein Trauma zu hegen und zu pflegen, indem man immer wieder die erfahrene Lieblosigkeit in dramatischen Beziehungen inszeniert. Wie oft haben Sie schon einen Schwulen klagen gehört: »Er liebt mich überhaupt nicht« oder »Ich krieg nie einen ab«, und wie viele Schwule scheitern spätestens in dem Moment, wo die Beziehung nicht mehr mit den Tautropfen der Ekstase benetzt ist. Sehen Sie?! Wir haben jedes Recht auf Selbstmitleid, aber so schön es sein kann, traurige Torch-Songs zu hören, es macht keinen Spaß, sie in Serie zu leben.

Machen wir uns eines klar – wir haben ein Problem: Unsere Erziehung war alles in allem nicht richtig für uns. Wir müssen mit dem Trauma abschließen, vor allem um endlich erwachsen zu werden und uns aus der Klammerhaltung des schlechten Gewissens, das wir gegenüber unseren Eltern hatten (oder haben), zu befreien. Die amerikanische Soziolinguistin Deborah Tannen schreibt in ihrem Buch ›Du kannst mich einfach nicht verstehen‹: »Es ist ein Leitgedanke moderner amerikanischer Psychologie, daß die psychische Trennung von den Eltern eine unabdingbare Voraussetzung seelischer Gesundheit ist.« Dem ist kaum etwas hinzuzufügen, außer vielleicht, daß dies nicht nur ein Leitgedanke der amerikanischen Psychologie ist, sondern auch Unterstützung im deutschen Volksmund findet, der ähnliches allgemeingültiger verkündet: »Ist der Ruf erst ruiniert, lebt's sich völlig ungeniert.« Also los!

Schluß mit dem Heterrorismus

»'cause we've got nothing to be guilty of, our love can climb any mountain. Near or far – we are – and we never let it end, we are devotion. And we've got nothing to be sorry for – our love is one in a million. Eyes can see that we got a highway to the skies...«
Barbra Streisand und *Barry Gibb*

Die heterosexuellen Leitbilder, mit denen die meisten von uns aufwuchsen, stammen aus einer fernen, vergangenen Zeit und stehen kaum noch in Einklang mit den Realitäten des 21. Jahrhunderts. Die Ehe als Beziehungsform galt zunächst der wirtschaftlichen Absicherung einer Familie. Das traf nicht nur für die sogenannten Zweckehen zu, in denen Menschen sich zusammentaten, um Güter zu verschmelzen oder Titel zu erhalten, sondern auch für die »kleinen« Leute. Das Arrangement war: Mann nimmt Weib, er arbeitet, sie gebiert Nachwuchs, Nachwuchs arbeitet und gebiert Nachwuchs und sichert das Alter der Eltern.

Heute sieht es anders aus: Es ist längst nicht mehr notwendig zu heiraten, um zu gebären oder zu ernähren, höchstens um Steuern zu sparen oder einen anderen Namen anzunehmen, wenn man das Pech hat, Uwe Schwanz, Anita Möse oder Doris Zitzen zu heißen. Viele Paare sehen keine Notwendigkeit mehr darin, »bis ans Ende ihrer Tage« vereint zu bleiben. Trotzdem lassen sich immer wieder Menschen auf langfristig ausgerichtete zwischenmenschliche Beziehungen ein. Es muß also doch mehr daran sein.

Mir fallen da einige Gründe ein: gemeinsam einzuschlafen und in derselben Umarmung aufzuwachen, in der man zu Bett gegangen ist; Sex, der sich entwickelt, je mehr Vertrauen man zum Partner faßt; Hand in Hand an einem Strand spazierenzugehen; zu küssen; zu küssen; zu küssen; vor Vorfreude auf ein Date weiche Knie zu haben; im Kino oder Theater einen Arm um die Schulter zu legen oder gelegt zu bekommen; den Körper des anderen immer genauer kennenzulernen, bis man ihn aus dem Gedächtnis malen könnte (wenn man malen könnte); in den Arm genommen zu werden, wenn man Trost braucht, und sich plötzlich aufgehoben zu fühlen; jemand ist da; Blumen geschenkt zu bekommen; Liebesbriefe zu schreiben; gemeinsames Lachen; zu sehen, wie die Augen des Freundes strahlen und leuchten, wenn er einen anschaut; sich auf eine neue, unbekannte Welt einzulassen; Grenzen einzureißen, alte Angewohnheiten über Bord zu werfen; verliebt sein! LIEBE!

Wenn ich von den heterosexuellen Leitbildern spreche, die uns geprägt haben, meine ich nicht nur das Vorbild, das uns unsere Eltern gaben, sondern auch kulturelle Ideale, in denen die Realitäten, aber auch Wünsche und Sehnsüchte unserer Kultur Ausdruck finden. Die Romane, die wir lesen, die Filme, die wir uns anschauen, Fernsehwerbung – Hochkultur wie Trash. Hier finden Sehnsüchte Heimat und wirken auf uns ein. Wir zahlen den Eintritt für die Illusion und erhalten sie so am Leben. Oder ist doch mehr daran? Wollen wir wirklich das Glück der Liebe bis ans Ende unserer Tage mit einem einzelnen Menschen erleben?

Ich glaube, in diesen Filmen wird an unsere Hoffnung appelliert: Wenn es nicht gerade ein Porno ist, den wir uns anschauen, macht uns das Kino zu Kindern; uns wird ein Märchen erzählt. Die Moral des Märchens ist das, was wir mit nach Hause nehmen. Deshalb ist Kino, wenn es gut ist, richtig gut. Wir alle kennen das Gefühl, aus einem Liebesfilm herauszuschweben, für eine Stunde glücklich und beseelt zu sein und unsere (weniger perfekt inszenierte) Realität eine Weile hintanzustellen. ›Mein wunderbarer Waschsalon‹, ›Beautiful thing‹ sind solche Filme: Hier bekommen sich die Jungs. Aber bevor wir uns einen schwulen Film anschauten, sahen wir erst einmal im Fernsehen unzählige Doris-Day-Movies ...

Liebe läßt sich nicht versichern

»O lieb, solang du lieben kannst,
o lieb, solang du lieben magst ...«
Ferdinand Freiligrath

Paarbildung ist etwas, das die meisten von uns anstreben. Gerade wenn wir uns erst einmal ausgetobt haben, wächst der Wunsch, jemanden an der Seite zu haben oder an jemandes Seite zu stehen. So wurde es uns von Mami und Papi, Doris und Rock vorgelebt. Man will nicht allein durchs Leben gehen, und man will auch nicht immer durch Clubs, Parks und Klappen ziehen, um Sex zu haben. Für viele Schwule ist das ein akzeptabler Lebenswandel, der oft zum zweiten großen Inhalt neben der Arbeit wird. Für die meisten anderen nutzt sich der Jagdeffekt peu à peu ab, und die Sehnsucht nach etwas Dauerhaftem wächst: spätestens, wenn man den Blick in die fernere Zukunft lenkt und sich als alternde Tunte vorstellt, die niemanden mehr abkriegt, weil sie nicht den ästhetischen *guidelines* der Fickkultur entspricht.

Jugend und Schönheit vergehen, es sei denn, man ist mit genügend Kohle gesegnet, sich liften, aufspritzen und alljährlich runderneuern zu lassen. Doch selbst in den bestgeliftetsten Gesichtern und den getrimmtesten Körpern fehlt dieser Funke Jugend, der im Gegenüber das Gefühl weckt, sexuell attraktiv zu sein – man kann einfach nichts gegen die Biologie ausrichten ... Hand aufs Herz, der Mensch ist billig gestrickt: Sexuelle Attraktivität ist das A und O der Paarbildung. Auch wenn Schwule sich nicht unbedingt fortpflanzen, teilen wir diesen archaischen Rezeptor mit den Heten. Wir alle wollen unser Sperma loswerden, doch genießen *wir* den Luxus, dies als Selbstzweck tun zu können. Nur weiß das das Sperma nicht.

Wenn wir aus dem Leim gehen, wäre es doch nett, jemanden zu haben, der uns auch fett und faltig akzeptiert, weil er uns nicht nur schlicht, sondern auch ergreifend liebt. Ein berechtigter Wunsch. In meiner letzten Beziehung spielte mein Freund mit diesem Wunsch, und das war ein Grund, der mich sehr an ihn band: Er sprach von »unserem Haus am Meer«, das wir eines Tages besitzen würden, und fragte mich einmal nach einem Streit, ob ich mir Sorgen um die Langfristigkeit unserer Beziehung machte (was der Fall war). Daraufhin beruhigte er mich und sagte: »Das brauchst du aber nicht.« So etwas gesagt zu bekommen ist wunderbar, aber man kann, wie mein Fall zeigt, sich nicht darauf verlassen. (Mit noch so schönen Drama-Effekten gehe man lieber sparsam um.)

Zwei Freunde von mir, seit fünf Jahren in einer glücklichen Beziehung, hatten gerade ein Haus gekauft, als ihre Beziehung zerbrach. Ein anderes Paar, das in einer fast zehnjährigen Dauerfehde zu leben scheint, ist immer noch zusammen und auf seine Art glücklich, weil es sich von Auseinandersetzungen eben nicht auseinandersetzen läßt. Die beiden beherrschen das, was man »Streitkultur« nennt. Eine Cousine von mir wurde von ihrem Freund sitzengelassen und hat ihn sich zurückgeholt. Mittlerweile haben die beiden eine Familie gegründet. *Anything goes!*

Es gibt keine Garantien und keine Instanz, die dafür sorgt, daß Liebe bleibt. Doch es besteht Grund zur Hoffnung: Je mehr wir eine individuelle Vorstellung von Glück haben, je mehr wir wissen, was wir für uns als Individuum wollen und beanspruchen, je ehrlicher wir mit uns selbst sind, desto größer sind die Chancen, daß wir in einer Partnerschaft auch beziehungsfähig sind.

Es ist unwahrscheinlich, daß jemand anderes uns dauerhaft glücklich macht. In der Regel sind die Menschen, die uns im Glücksrausch den festen Boden unter den Füßen wegziehen, indem sie den Teppich zum Schweben bringen, dieselben Menschen, die ihn später schwungvoll wieder fortreißen und uns hart aufschlagen lassen. Das liegt in der Natur der Sache, denn wann sonst verspüren wir diese Offenheit, zeigen uns so unmittelbar und geben so viel von uns preis wie für diese und vor dieser Person. Nie sind wir verletzlicher als in einer Beziehung. Deshalb gilt es, Stärke zu entwickeln (die nicht mit Härte zu verwechseln ist). Wenn wir wissen, wer wir sind und wohin wir wollen (so viele Ws), ist die Gefahr nicht so groß, daß wir die Bodenhaftung verlieren, wenn wir eine Beziehung eingehen oder diese ihr Ende findet. Nicht, daß Bodenhaftung ein Dauerzustand sein sollte – Schweben an sich ist absolut hervorragend, aber es muß ja nicht jeden Tag Champagner sein. Wer sind wir denn? Joan Collins?!

Tunten zur Tat: Der praktische Teil des ersten Kapitels

»Express yourself, baby, ready or not!« *Madonna*

So ist es jetzt an der Zeit für eine kleine Aufgabe. Machen Sie sich eine Liste! Notieren Sie sich die Charaktereigenschaften und Talente, die Sie an sich schätzen. Wenn Ihnen nichts mehr einfällt, rufen Sie Freunde an und *fishen* Sie *for compliments. Dis pourquoi tu m'aimes*, singt Mouron, eine französische Chansonette. Manchmal ist es hilfreich zu wissen, was die anderen Gutes in uns sehen. Also, jetzt nicht weiterlesen, sondern Kuli und Papier holen. Ich warte solange.

Als ich meine erste Liste machte, fielen mir meine schlechten Eigenschaften am ehesten ein. Das zeigt den Grad der grundlegenden Frustration, die ich damals durch mein Leben schleppte und in alle Bereiche meines Daseins trug. Es ist wichtig, sich der Tatsache bewußt zu sein, daß man diesen Negativballast abwerfen kann. Irgendwann muß man die Vergangenheit und die Ungerechtigkeiten ad acta legen und in die Zukunft blicken. Selbst Menschen, die als Kind mißbraucht wurden oder in anderer Form eine harte Kindheit hatten, wissen, daß sie sich von Vergangenem verabschieden müssen, wenn sie eine Zukunft haben wollen. Eine »schwierige Kindheit« ist, wie bereits beschrieben, ein bestimmender Faktor in unserer Sozialisation. Aber wir können ihn nicht immer als Entschuldigung anbringen, wenn wir uns gerade mal wieder wie ein Arschloch aufführen oder ein Ziel nicht erreichen.

Damit die Grundstimmung nach der ersten Bestandsaufnahme nicht ins Bodenlose stürzt, bitte ich um eine weitere Liste: den Jahresplan! Wo sehen Sie sich in fünf und – noch eine Liste – wo in zehn Jahren? Bleiben Sie realistisch, aber ehrlich Ihren Hoffnungen gegenüber. Zukunftsziele sind großartige Motivatoren. Da wir in der Regel keine Familie gründen, haben wir die Möglichkeit, mit unserem Geld etwas Wunderbares anzufangen, uns etwas zu schenken: sei es, ein Boot zu kaufen, ein Seniorenheim für alte Tunten zu gründen oder, wie Patrick Lindner, eine Lösung für unseren Baby-Wunsch zu finden. »Money«, singt Cyndi Lauper, »changes everything.«

Die Szene

»Somewhere over the rainbow skies are blue –
and the dreams that you dare
to dream really do come true …«
Judy Garland

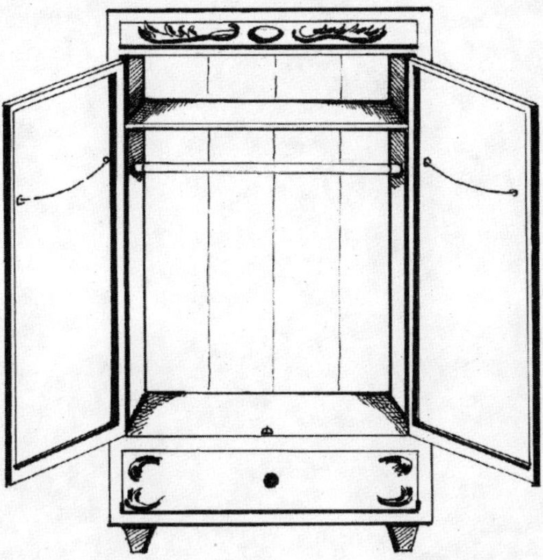

Das »Ich« und das »Wir«

»We're off to see the wizard, the wonderful wizard of Oz –
because because because because because – because of
the wonderful things he does!«
Judy Garland

Wenn Sie wissen, wer Sie sind und was Sie wollen, müssen Sie jetzt nur noch darauf hinarbeiten, Ihr Ziel zu erreichen. Haha. Ich weiß, das ist leichter gesagt als getan, und aus diesem Grund gibt es einige hilfreiche Strategien, die ich in den nächsten Kapiteln vorstellen möchte. Sie wollen eine glückliche Beziehung? Oder einen Mann kennenlernen? Dann machen Sie sich hübsch, gehen Sie raus, und lesen Sie morgen weiter. Sie machen sich jeden Abend hübsch und kommen doch nur allein nach Haus oder mit einem One-night-stand, obwohl Sie eigentlich perspektivisch die Ehe im Hinterkopf hatten?

Wie man an einen schnellen Fick kommt, brauche ich nicht zu beschreiben. Es gibt Kontaktanzeigen, Telefonkontakte, Parks, Klappen, Clubs mit Darkrooms – für einen Schwulen in der Großstadt ist es leichter, Sex zu haben, als eine Briefmarke zu kaufen. Neben wunderbaren Errungenschaften wie *camp* hat die schwule Kultur auch dies hervorgebracht: die Möglichkeit zum Sex wann immer und wo auch immer. Wie ich schon feststellte, reicht es vielen aus, ihrem Jagdtrieb nachzugehen und promisk zu leben. Andere Schwule jedoch wollen eine Beziehung, und daß sie keine finden, hat oft damit zu tun, daß ihnen auf der Stirn geschrieben steht »suche verzweifelt«. Ich spreche aus eigener Erfahrung.

Ironischerweise sind gerade die schwulen Clubs und Discos der schlechteste Ort, einen Mann für längerfristige Beziehungen zu finden. Dort ist es laut und dunkel, und man muß einen Typen schon mit vor die Tür nehmen, um zu sehen und zu hören, wen man eigentlich vor sich hat. Außerdem ist die Konkurrenz hart. Ich muß einräumen, daß ich meinen letzten Freund in genau so einer Situation kennengelernt habe – nichts ist unmöglich.

Wenn ich in Kontaktanzeigen den Spruch »keine Szene« lese, werde ich sauer. Ich kann zwar verstehen, daß die Szene irgendwann nervt und das schwule Netz, das wir bilden, uns fast einwickelt und die frische Luft nimmt. Doch bietet sie gerade Jungschwulen die erste Möglichkeit, sich auszuleben. Wenn man achtzehn Jahre lang ein Dasein in Hetero-Gefilden gefristet hat, ist es beruhigend, plötzlich schwul auszugehen, einen schwulen Arzt zu haben, in einen schwulen Buchladen zu gehen, bei einem schwulen Bäcker seine Brötchen zu holen und nicht tagein, tagaus mit Diskriminierung aufgrund seiner sexuellen Orientierung konfrontiert zu sein.

Problematisch an der Szene finde ich, daß man sich hier in dem sicheren Gefühl wiegen kann, es gäbe nur schwules Leben. Doch nein – vor den Türen der Szene geht der Heterrorismus unbeeindruckt weiter. Die Entertainment-Möglichkeiten der Szene sind wunderbar, aber mir gehen die Jungs auf die Ketten, die über ihrem Fun-Credo gänzlich unpolitisch werden. Da unterscheide ich zwischen »Schwulen« und »Gays«. Die »Gays« sind die *funpeople*, die die Partystruktur nutzen, welche die Schwulen etabliert haben, um Gemeinschaft zu ermöglichen.

Um zu erfahren, daß Diskriminierung noch existiert, muß man nur einmal die Stadtgrenzen hinter sich lassen und in einem sächsischen Dorf auf offener Straße mit einem Mann knutschen. Was in den Staaten mit Matthew Shepard passiert ist, kann genauso in Passau, Gera oder auch Berlin-Lichterfelde geschehen. Zur Erinnerung: Der einundzwanzigjährige Schwule Matthew Shepard wurde im Oktober 1998 in Laramie im US-Bundesstaat Wyoming von zwei jungen Männern brutal zusammengeschlagen und in einer Kreuzigungspose an einen Holzzaun gefesselt. Er starb an den Folgen der Folter. Die Mörder wurden gefaßt und gaben zu, daß Matthews sexuelle Orientierung Anlaß für den Mord war. Das Verbrechen machte in den Staaten Schlagzeilen, selbst Präsident Clinton äußerte sich zu dem Vorfall und nahm Kontakt zu Matthews Familie auf. Matthew wurde zu einer Ikone der Schwulenbewegung, sein Tod zu einem Mahnmal der Schwulendiskriminierung. Die Details des Verbrechens drehen einem den Magen um, und wer sich mit Matthews Geschichte befaßt, kann schwules Leben kaum noch als reine Party betrachten.

Auch wenn es in den Neunzigern immer mehr schwule Rollenmodelle gibt – dank Outing und Coming-out einiger Promis und schwuler Charaktere in Serien wie ›Roseanne‹ und ›Gute Zeiten, schlechte Zeiten‹ und dank der Präsenz schwuler Talkgäste bei Bärbel Schäfer –, sind wir noch weit entfernt davon, gesellschaftlich akzeptiert zu werden.

In meinen ersten Jahren in Berlin warf ich mich aufs heftigste in die Szene und machte, schicklich ausgedrückt, von deren Möglichkeiten Gebrauch. Nach und nach sind meine Ausflüge jedoch seltener geworden. Das mag auch damit zusammenhängen, daß ich nicht acht Stunden am Tag in einem heterosexuellen Umfeld arbeite, sondern mehr mit Schwulen als mit Heten zu tun habe. Daß ein homosexueller Postbeamter nach seiner Schicht eine Dosis schwule Szene braucht, ist verständlich.

Phobos, Sexus, Eros

»Da es so einfach ist, Männer zu finden, ist es immer eine Versuchung, sich nach etwas Neuem umzuschauen, sobald Ärger auftaucht. Jede Partnerschaft durchläuft strapaziöse Perioden; ohne Kinder und den sozialen Druck von außen ist es für uns oft schwierig, eine Beziehung aufrechtzuerhalten. Wenn Sie mit jemandem zusammenbleiben wollen, stellen Sie sich darauf ein, zu ackern wie ein Pferd.«
Craig Nelson

Es gibt eine Theorie, die Elaine Showalter, eine amerikanische Feministin, in bezug auf die literarische Produktion von Randgruppen entwickelt hat. Sie sagt, daß zunächst der vorherrschende Trend imitiert wird, darauf eine Protestphase folgt und erst dann eine neue Selbstdefinition entsteht, die einen eigenen Stil mit sich bringt. Dieses Modell läßt sich nicht nur auf die Entwicklungsphasen im Werk vieler AutorInnen anwenden, sondern auch auf das Verhalten von Randgruppen generell, wobei die Grenzen der unterschiedlichen Stadien fließend sein können. Oft habe ich den Eindruck, daß die Überbetonung von Sex eindeutig ein Produkt der Protestphase ist.

Wir lassen keine Nähe zu und torpedieren unsere Beziehungen in der Sekunde, in der Probleme auftauchen. Wir arbeiten nicht an der Partnerschaft, sondern schauen lieber nach einem neuen Partner aus, mit dem wir dann wieder in den nächsten Honeymoon steuern, bis es problematisch wird. Warum ist das so? Ist das die reine Bequemlichkeit? Diese Prozesse laufen oft nicht einmal auf der bewußten Ebene ab. Was wir spüren ist lediglich, daß die Liebe verschwunden zu sein scheint.

Ich glaube, wir zerstören unsere Beziehungen, weil wir sie uns gar nicht gönnen, weil, um es in der Sprache von L'Oréal auszudrücken, wir »es uns nicht wert« sind. Warum sollte uns jemand lieben, wenn wir »falsch« sind? Wir sind ja schwul, ungewollt, enttäuschend. Die Schizophrenie ist uns in die Wiege gelegt: Wir sind homophob durch unsere Sozialisation und gleichzeitig homosexuell, durch was auch immer. Wie können wir je homo*erotisch* werden und schwule Liebe leben, in guten wie in schlechten Zeiten? Allein unsere Existenz ist Grund zur Rebellion. Wir müssen uns zeigen, beweisen, behaupten – oder uns verstecken. Kein Wunder, daß die meisten von uns in der Rebellionsphase steckenbleiben (und das ist bereits eine stolze Phase!) und daß das Ausleben der Sexualität Höhepunkt des Schwulseins wird. Ich habe zu viele Hollywood-Filme gesehen, um mich damit zufriedenzugeben. Ich will Sex, logisch, aber ich will mehr. Ich will Eros, ich will Liebe.

Wer eine schwule Zeitung durchblättert, wird plattgewalzt von den Mengen Männerfleisch, die dort abgebildet sind – und ich meine nicht Publikationen wie ›Männer aktuell‹ oder ›Du & ich‹, sondern Veranstaltungsblätter wie die ›Siegessäule‹ oder ›Queer‹. Es ist verständlich, daß man eine lang unterdrückte Sexualität orgiastisch auslebt, sobald man dazu die Gelegenheit hat, aber ich bin der Meinung, daß diese Phase eben eine Phase ist. Man rebelliert gegen die Restriktion seiner Sexualität, wie man sie in der Familie oder Schule erlebt hat. Die Szene bildet den Rahmen für diesen Rebellionsprozeß.

Wenn ich mir eine Hete vorstelle, die an einem Nachmittag die komplette schwule Monatspresse lesen muß, kann ich mir gut vorstellen, daß sie anschließend Schwule für sexistisch und bescheuert hält. Manchmal wünsche ich mir nach so einer geballten Lektüre selbst, ich wäre nicht schwul. Da trifft der Begriff Homo*sexuelle* schon den Kern, weil es in der Tat so aussieht, als würden wir nichts anderes tun als ficken – und so unrichtig ist diese Auffassung auch nicht.

Seinen Trieb auszuleben, sich in die *Peer-Group* zu integrieren, gegen die Hetero-Ordnung zu protestieren ist absolut notwendig – und zwar im Sinne des Wortes »die Not wenden«. Doch sollte man langfristig nicht aus den Augen verlieren, daß man nicht nur ein schwuler Mann ist, sondern auch ein blonder oder schwarzhaariger, ein Sportler, ein Kulturkonsument, ein Arbeiter, ein Sohn, ein Onkel. Man muß für sich entscheiden, inwiefern und wie lange man damit leben kann, sich auf seine Sexualität zu reduzieren beziehungsweise reduzieren zu lassen. Désirée Nick hat in einer ihrer frühen Shows sehr treffend ihr (damals hauptsächlich schwules Szene-) Publikum beschrieben als Jungs, die ins Theater gehen, um die Zeit zwischen zwei Ficks totzuschlagen.

Je mehr wir uns auf einen Aspekt unseres Selbst einengen, desto größer die Enttäuschung, wenn wir da keinen Erfolg haben. Haben wir kein anderes Interesse als den Wunsch, einen Mann abzukriegen, so sehen wir ziemlich arm aus.

Es schließt sich nicht gegenseitig aus, Jungs kennenzulernen und seinen Interessen nachzugehen oder diese zu entwickeln. Auch der homosexuelle Mann neigt dazu, seinen »kreativen« Hobbies in sogenannten Vereinen und Gruppen zu frönen. Es gibt schwule Sportvereine, die Großzahl von Fitneß-Studios wird von Schwulen frequentiert, und schwule Info-Läden verfügen reichlich über Material, was sonst noch für Aktivitäten in der jeweiligen Stadt oder dem Landstrich geboten werden. Obwohl der schwule Trend in Richtung Körperertüchtigung geht, kann ich nur empfehlen, auch den Geist zu bilden. Schaden kann es nicht, insbesondere wenn man an die langen Winterabende im Alter denkt.

Wer sich mit etwas beschäftigt, was ihm Spaß macht, strahlt eine innere Zufriedenheit aus, die es anderen leichter macht, auf ihn zuzugehen, und die auch ihm selbst mehr

Wagemut verleiht, auf andere zuzugehen. Wenn man sich in seiner Haut wohl fühlt, so sieht man ihr das auch an. Selbstsicherheit ist erlernbar. Ein paar Tips und Tricks im folgenden Kapitel.

Ego-Boosting

»Lach, und die Welt lacht mit dir!
Wein, und du schläfst allein!«
Georgette Dee

Schönheit contra Anziehungskraft

»Sie sah nach gar nichts aus.
Dann traf sie ihn. Er sagte:
›Wenn du lächelst, bist du schön.‹
Sie sagte: ›Das ist leider ein Versehen,
ich seh nach gar nichts aus.‹«
Hildegard Knef

Nachdem ich mich darüber ausgebreitet habe, warum meines Erachtens das schwule Selbstwertgefühl angeknackst ist, möchte ich an dieser Stelle Trost spenden und einige Strategien aufzeigen, die dazu beitragen, mit überflüssigen Unsicherheiten aufzuräumen. Diese habe ich alle selbst praktiziert und kann aus eigener Erfahrung sagen, daß sie funktionieren, so banal sie einem manchmal auch vorkommen mögen. Es tut nicht weh, im Gegenteil. Es tut gut und ist einfach!

Wenn wir uns einmal umschauen und Paare beobachten, können wir uns eine große Urangst nehmen, nämlich die, daß wir häßlich und wertlos sind. Hand aufs Herz: Wenn diese Leute eine(n) abgekriegt haben, dann müßten wir ja wohl auch dazu imstande sein! Es gibt wenig klassisch-schöne Menschen. (Und, wie schon gesagt, äußere Schönheit vergeht oder entspricht irgendwann nicht mehr dem vorherrschenden Ideal.) Da es an Schönheit so mangelt, ist sie selten Beweggrund, eine Beziehung einzugehen. Wenn wir zurückblicken auf unsere Liebhaber und Partner, werden wir feststellen, daß auch die in der Regel nicht aussahen wie Tom Cruise oder behangen waren wie Jeff Stryker. Trotzdem waren wir eine Zeitlang mit ihnen glücklich. Wir haben diese Menschen geliebt oder gemocht, in unseren Augen wurden sie schön. Quasi logisch, diese Gleichung umzudrehen und zu akzeptieren, daß wir in den Augen der anderen ebenfalls schön wurden. Selbst wenn uns unsere Ohren zu groß und unser Schwanz zu klein erscheinen mögen (oder gar umgekehrt), die anderen hatten offenbar kein Problem damit. Warum also wir?

Ich möchte wirklich niemanden davon abhalten, ins Fitneß-Studio zu rennen – man trifft dort mitunter geile Teile, und außerdem tut es dem Körper gut –, aber ich finde es übertrieben, daß wir alle mit dem gleichen Körper aus der Versace-Reklame herumlaufen sollen. Attraktivität hat nichts mit Werbeidealen zu tun. Anziehungskraft vermittelt sich über Ausstrahlung. Je zufriedener wir mit uns selbst sind (Defekte inklusive: Barbra hat eine große Nase; Madonna ist eine Zwergin; Tom Cruise auch; Brad Pitt ist eine Hete; Kate Moss säuft; na und?!), desto souveräner ist unser Auftreten. Souveränität sollte indes nicht in Großkotzigkeit umschlagen. Wir müssen uns selbst genug sein, erst dann sind wir beziehungsfähig.

Der Streß, den wir uns selber machen

»Mach dir nicht ins Hemd, Kamerad,
mach dir nicht ins Hemd, wir sind die Lemminge,
wir sind die Lemminge, mach dir nicht ins Hemd!«
Cora Frost, Georgette Dee, Mouron und *die Popette Betancor*

Tja, aber wie soll das funktionieren, fragen Sie jetzt. Von meinem fünfundzwanzigsten bis zu meinem achtundzwanzigsten Lebensjahr bin ich durch die Szene getigert und fragte mich, was bei mir nicht in Ordnung war, daß ich keinen Typen abbekam. Genau das war der Denkfehler. Ich habe gedacht. Ich sah mich nur durch die Augen der anderen und verunsicherte mich dadurch schwer. Ich war so damit beschäftigt, zu wirken, daß ich darüber das Sein vergessen habe. Ich war angestrengt, gestreßt, und auch mir stand »suche verzweifelt« auf der Stirn. So klappt es nie. Ich war so verkrampft, daß ich ein Lächeln nur zustande brachte, wenn ich die Mundwinkel mit den Fingern hochschob. Die meisten Männer, die einem in der Szene über den Weg laufen und einen arroganten Eindruck machen, leiden unter dem gleichen Problem …

Im Englischen bedeutet der Begriff *self-conscious* das Gegenteil der wörtlichen Übersetzung »selbstbewußt«, nämlich »befangen sein«. Wer sich permanent seiner (Schwächen) selbst bewußt ist, wächst nicht über seine Grenzen hinaus, sondern bleibt in sich selbst gefangen. Das ist der Grund, warum ich das deutsche Wort »selbstbewußt« so gut wie nie verwende. Wenn ich das ausdrücken will, was man gemeinhin mit dem Begriff meint, spreche ich lieber von »Selbstwertgefühl«. *Think happy thoughts, say happy words* …

Bestätigung von innen nach außen

»Ch-Ch-Ch-Changes … turn and face the strange!«
David Bowie

Irgendwann war das Maß an *self-consciousness* voll, und ich erkannte, daß ich mich verändern mußte. Ich gefiel mir nicht mehr, konnte mich nicht mehr leiden. Schaute ich in den Spiegel, hätte ich kotzen können. Ich hatte ein entsetzliches Körpergefühl und wollte endlich lernen, mich in meiner Haut wohl zu fühlen. Damals fing ich mit Yoga an – einfach um meinen Körper zu spüren, nicht um ihn zu *builden*. Ich hätte auch einem Fußballclub beitreten oder Ausdruckstanz machen können (meine bester *act* wäre »das frustrierte Entlein« gewesen), in meinem Fall war es eben Yoga.

Nach einigen Wochen ging es mir besser als je zuvor, und selbst die Tatsache, solo zu sein, störte mich nicht. Ich dachte kaum noch daran, denn ich hatte eine Erfahrung gemacht, die alles überschattete, die nicht nur neu, sondern auch noch gut war: Ich konnte selber Einfluß auf mein Wolhlbefinden nehmen – und das, ohne mich durch Alkohol oder Drogen auszublenden. Ich war auf dem besten Wege, mich in mich zu verlieben. Okay, sagen wir, mich zu akzeptieren. Wer den Film ›Shirley Valentine‹ gesehen hat, weiß, was ich meine. Wer nicht, sollte sich das Video ausleihen.

Weiß man erst einmal, was einen an sich selber stört, kann man ohne weiteres die Initiative ergreifen und Abhilfe schaffen. Es ist leichter, mit alten Gewohnheiten zu brechen als mit einer Sucht. Hört man mit dem Rauchen auf, befällt einen das Gefühl, man beraube sich eines kleinen Teils seiner Lebensqualität. Der beste Weg aufzuhören ist, die Zigarette mit lauter negativen Gedanken zu belegen, so daß uns, wenn der Gedanke ans Rauchen aufblitzt, der Ekel anspringt. Beim emotionalen Aufräumen ist das Gegenteil der Fall. Wirft man eine alte Angewohnheit über Bord, verwirft man eine überholte Sichtweise zugunsten einer neuen Perspektive, so hat man das Gefühl, sich selbst ein Geschenk zu machen.

Bestätigung von außen nach innen

»I'm gonna live and live now, get what I want I know how … don't bring around a cloud to rain on my parade!«
Barbra Streisand

In meiner Yogazeit übernahm ich ein Buchprojekt, das mir weitere Bestätigung gab, diesmal von außen. Das Buch war erfolgreich, mein Konto sah gut aus, und meine Laune variierte von gut bis hervorragend. Zack, hatte ich einen Freund. Weil es mir gutging, war ich auf einmal wieder drin im Club. Das fällt wohl unter das Motto ›Sorge dich nicht – lebe!‹.

Wenn man schon allein ist und sich ausgiebig auf sich selbst konzentrieren kann, dann sollte man die Zeit sinnvoll nutzen: sich bilden, weiterentwickeln, arbeiten, kreativ sein. Über all diese Wege und Umwege entstehen Möglichkeiten, Bestätigung zu bekommen und sein Wesen nicht nur zu definieren, sondern in andere Sphären zu transferieren. Viele Schwule, die ich kenne, sind *achiever*, das heißt, sie definieren sich über Leistung und Erfolg. Die Motivation, sich auf irgendeinem Feld mit herausragenden Leistungen hervorzutun, geht auf das Gefühl zurück, nicht geliebt worden zu sein, und der Mangel ist es, der durch beeindruckende Leistungen kompensiert wird. Nicht der schlechteste Grund, nur muß man seine Leistungen auch akzeptieren und nicht schmälern. Auch so ein klassisches schwules Ding, das aus mangelndem Selbstwert resultiert: »Du hast aber lecker gekocht.« – »Ja, aber es fehlt ein bißchen Thymian, findest du nicht?!« Man darf Lob annehmen, um Gottes willen!

Auf die im ersten Kapitel gestellte Frage »Was will ich?« folgt nun »Was kann ich?«. Zeit für eine weitere Liste! Was auch immer Sie jetzt aufschreiben, bitte machen Sie eine große Notiz dazu: KULTIVIEREN. Und tun Sie's. Wenn es Dinge gibt, die Sie nicht mit Leichtigkeit beherrschen, an denen Sie aber interessiert sind, probieren Sie sie aus. Nehmen Sie Gesangstunden, gehen Sie in einen Töpferkurs, lernen Sie Arabisch.

Ob nach einem sportlichen Wettkampf oder dem Flechten eines Brotkorbes, in dem Moment, in dem ein Ziel erreicht, ein Produkt geschaffen ist, haben wir den Beleg unserer Daseinsberechtigung. Das tut so gut!

Man kann sich auch was einreden

»Strike a pose, there's nothing to it!« *Madonna*

Zwei weitere Hilfestellungen möchte ich Ihnen im Rahmen des Ego-Boosting noch mit auf den Weg geben.

Erstens: Pflegen, pflegen, pflegen. Kümmern Sie sich um Ihr Äußeres, kaufen Sie sich ein neues Outfit, gehen Sie zum Friseur. In meinem allerliebsten Selbsthilfebuch (von Joan Rivers) empfiehlt die Komikerin sinngemäß: Egal, wie es dir geht, achte auf dein äußeres Erscheinungsbild. Mach dich hübsch, schmink dich, trage deinen schönsten Schmuck, und gehe nicht ohne Strumpfhose aus dem Haus. Ganz besonders, wenn du eine Frau bist.

Gefallen Sie sich selbst, dann ist es wahrscheinlich, daß Sie auch anderen gefallen. Wenn Sie erwiesenermaßen einen Kuhgeschmack haben, nehmen Sie einen Freund oder eine Freundin zum Shoppen mit. Misten Sie Ihren Kleiderschrank aus, am besten ebenfalls im Beisein einer stilsicheren Person. Eine solche Ausmistaktion kann unglaublich therapeutisch sein; sie gibt uns das Gefühl, überflüssigen Ballast über Bord zu werfen, nicht nur unseren Schrank, sondern auch unser Inneres aufzuräumen. In der Regel wirkt solche Tatkraft beflügelnd.

Der zweite Tip: Autosuggestion. Wir wissen nicht, wie Gefühle funktionieren, wir können nur akzeptieren, daß sie vorhanden sind. Wir wissen auch nicht, auf welchem Wege sie sich beeinflussen lassen, aber daß es so etwas wie Gehirnwäsche gibt, steht außer Frage, das wußten wir bereits vor ›Akte X‹. Warum die Mittel der Gehirnwäsche nur für negative Zwecke nutzen, wenn es auch anders geht? Anstatt permanent an uns herumzukritisieren, sollten wir unsere Zeit sinnvoll nutzen und unserem Unterbewußtsein durch ein paar Hammerschläge auf die Sprünge helfen: Wann immer Sie feststellen, daß Sie gerade nichts denken (ich hoffe, das passiert Ihnen nicht allzuoft) oder, schlimmer noch, selbstzerstörerischen Gedanken nachgehen, ändern Sie es und provozieren statt dessen gute Gedanken! Am Anfang kommt man sich noch etwas blöd vor, wenn man vor sich hinbetet: »Ich bin schön. Ich bin liebenswert. Ich bin es wert, zu lieben und geliebt zu werden«, doch über kurz oder lang stellt man fest, daß man die Wahrheit sagt. Solche Sätze wirken wie Mantren. Sie sind hypnotisch und wirken gerade in Zeiten der tiefsten Krise wie ein Zauberspruch. Es ist herrlich, eines Morgens mit einem »grundlosen« Lächeln auf den Lippen aufzuwachen!

Sie haben absolut nichts zu verlieren, wenn Sie sich auf den Weg machen, Ihrem Dasein ein bißchen mehr Sinn und Freude zu verleihen. Lassen Sie sich nicht beirren oder von Konventionen in einen Rahmen pressen. Wenn es ein Anrecht auf eine Protestphase gibt, dann jetzt: Räumen Sie auf mit überflüssigen Negativ-Denkweisen. Selbst ein Kindheitstrauma, wie wir es haben, kann nicht als lebenslange Entschuldigung dafür gelten, daß wir uns das Leben schwer machen und/oder schwer machen lassen. Machen Sie es sich selber recht, machen Sie es sich schön, und – bis der Richtige da ist – machen Sie es sich selber. Nur machen Sie es intensiv!

Die neue Richtung und die alten Bekannten

»You don't own me – don't try to change me in any way.
You don't own me – don't tie me down
cause I'll never stay …
Don't tell me what to say and don't tell me what to do –
just let me be myself, that's all I ask of you!
Cora Frost, Georgette Dee, Mouron und *die Popette Betancor*
sowie *Bette Midler, Diane Keaton & Goldie Hawn*
und auch *Klaus Nomi*

Veränderungen finden auf verschiedenen Ebenen statt, und eine Entwicklung begünstigt die andere. Ist ein neues Stadium erreicht, haben sich oft nicht nur unsere Ansichten verändert, sondern auch unser Äußeres. Das verwundert natürlich Außenstehende. Vielleicht haben Sie einen Freund oder eine Freundin, und die Hauptbeschäftigung in dieser Freundschaft war seit Jahren das gemeinsame Jammern und Meckern über die Bosheit der Welt. Indem Sie sich auf die *bright side of life* stellen, stoßen Sie den Freund/die Freundin vor den Kopf. Er/sie wird möglicherweise frustriert reagieren und Ihr altes Ich vermissen. Sie müssen sich entscheiden, ob Sie über ausreichend Energie verfügen, den Freund/die Freundin mit auf den Wagen zu holen oder, so egoistisch es sein mag, sich zurückziehen.

Um das Beispiel mit den Zigaretten wieder aufzugreifen: Als in meinem Umfeld Allen Carrs Nichtraucherbuch herumging und alle aufhörten zu rauchen, war ich ziemlich genervt. Alle Gespräche drehten sich nur noch um Zigaretten, und ich fühlte mich im Stich gelassen, aussätzig und willensschwach, wenn ich mir eine ansteckte. Das nervte mich so sehr, daß ich selber einen Anlauf unternahm, mit dem Rauchen aufzuhören. Eine Woche hielt ich durch, dann war ich wieder dabei. Mir hatte die Erfahrung gereicht, mindestens auf diese Weise mit meinen neuen Nichtraucher-Freunden mithalten zu können, und ich beneidete sie nun nicht mehr um ihren neuen Status. Bewundern ja, aber ich fühlte mich nicht mehr ausgegrenzt, weil ich nun selber eine Geschichte zum Thema hatte. Ich rate Ihnen hier nicht, mit Ihren Freunden und Bekannten zu brechen. Sie können ihnen klarmachen, was in Ihnen vorgeht, und vielleicht auch einen Funken auslösen. Wenn nicht, lassen Sie sich auf keinen Fall runterziehen! Wenn dabei die eine oder andere Freundschaft kurz-, mittel- oder langfristig zum Erliegen kommt, sei's drum. Im Moment geht es um Sie!

Vor einiger Zeit habe auch ich einen Wandel vollzogen, der nach außen hin sichtbar wurde. Nach Jahren vornehmer Blässe verbrachte ich einen Sommer draußen und schloß für mich mit der Ziererei vor dem Sonnenlicht ab. Wasser und Strand taten mir so gut, warum also sollte ich mir das Vergnügen vermiesen, nur um einem (veralteten) ästhetischen Ideal zu entsprechen. Ehrlich gesagt, war der Grund für die Jahre ohne Sonne nicht allein ästhetisch motiviert, sondern hatte mehr damit zu tun, daß ich mich viel zu häßlich fand, mich in Badehose oder gar nackt am Strand zu präsentieren – die Blässe war also nur ein Nebenprodukt mangelnden Selbstwertgefühls und letztlich eine Ausflucht.

Nun war ich nach Jahren der Kalkbleiche plötzlich braungebrannt. Viele beglückwünschten mich zu der Veränderung, andere sahen ihren Vampir-Volker verschwinden. Meine Ästhetik hatte in ihr Bild gepaßt, und nun gab es eine neue Ästhetik, mit der sie nichts anfangen konnten. Sie unterstellten mir, mein Freund hätte einen schlechten Einfluß auf mich, während ich froh war, daß mich jemand unter meinem Stein hervorgezogen hatte und mein Selbstwert mir erlaubte, mich in die Sonne zu legen! Mit diesen Leuten habe ich heute nichts mehr zu tun und sie nicht eine Sekunde vermißt. Auch der Freund »mit dem schlechten Einfluß« ist (aus anderen Gründen) nicht mehr an meiner Seite, aber der Selbstwert, die Sonnenbräune und die Liebe zu Meer und Strand sind geblieben.

Wir alle entwickeln Vertrauen in Freunde und Bekannte, weil wir glauben, sie zu mögen, weil sie sind, wie sie sind. Wenn sie sich verändern, werden wir auch unsere Einstellung zu ihnen neu durchdenken. Es liegt an uns, ob wir uns für oder gegen sie entscheiden. Dasselbe Recht müssen wir umgekehrt auch ihnen einräumen.

Mir fällt dazu ein Barbra-Streisand-Filmbeispiel ein: In ›Liebe hat zwei Gesichter‹ spielt sie eine nicht eben glamouröse Professorin. Ihre beste Freundin ist übergewichtig, und die beiden fühlen sich stark verbunden, weil sich alle zwei für unansehnlich halten. Nun macht Barbra aber einen *Makeover* durch und wird strahlend schön, sie trägt auf einmal Locken und kurze Röcke. Die dicke Freundin fühlt sich verlassen und auf sich selbst gestellt – nun glaubt sie, dick allein zu sein. (Es ist ein Streisand-Film, natürlich bleiben die beiden Freundinnen.) Wenn eine Veränderung im Denken oder Handeln im Gegenüber eine überzogene Panikreaktion auslöst, kann man diesem Menschen nur wünschen, daß er sein Problem in den Griff bekommt, und ihn dabei unterstützen.

Quasi bereit (und immer noch Single)

»I know there is someone out there waiting for me, I know there is someone out there – there just has to be …«
Madonna

Wenn Sie sich nun mit sich selbst aussöhnen, können Sie langsam das Dasein als Single genießen. Es ist äußerst wahrscheinlich, daß Sie durch Ihre neugewonnene Selbstdefinition in der Szene (oder anderswo) einschlagen werden wie eine Bombe. Zeit, die Sie damit verbringen, darauf zu warten, daß der Mann fürs Leben in Ihres tritt, ist verschenkte Zeit, die man besser für sich selber und seine Weiterentwicklung verwendet. Jede Wartezeit birgt eine Aufforderung, sie sinnvoll zu überbrücken.

Kaum daß wir uns mit neuen Interessen und Inhalten eingedeckt haben, taucht in der Regel jemand auf. Es klickt, und wir sind in der wahnwitzigen Situation, plötzlich Eingeständnisse zu machen, Raum schaffen zu müssen für diesen neuen Menschen – unseren Partner. Am Anfang fällt uns das selbstverständlich leicht, weil wir höchstwahrscheinlich mehrere Tage lang nicht aus dem Bett kommen, doch irgendwann gilt es einzuschätzen, wieviel von seinem Ich man in das neue Wir einbringen kann und will.

Doch bevor ich mich dem spannenden Bereich der Paar-Annäherung nähere, hier noch einige Tips, die ich in einem sehr unterhaltsamen schwulen Ratgeber fand, der auf dem deutschen Markt leider nicht erhältlich ist. Er stammt von Craig Nelson, einem großen Freund der Aufzählung und Liste.

Selbst, wenn man sein Ego erfolgreich geboostet hat, kann es sein, daß man noch nicht alle Scheu über Bord geworfen hat und einem der Arsch auf Grundeis geht bei dem Gedanken, sich in der Szene einen Mann auszugucken. Hier nun eine kurze Zusammenfassung seiner Vorschläge, wie man sich am effektivsten in einer schwulen Bar bewegt:

- Schrauben Sie Ihre Erwartungen runter. Gehen Sie nicht davon aus, daß Ihnen der Mann Ihrer Träume plötzlich gegenübersteht. Entspannen Sie!
- Machen Sie sich klar, daß Sie einer der heißesten Typen im Laden sind. Strahlen Sie das aus. (Die Ego-Boost-Aufgaben können nicht umsonst gewesen sein, will ich hoffen.)
- Betonen Sie Ihre guten Seiten, kaschieren Sie die, die Ihnen nicht so gefallen. Wenn Sie mit einem schönen Körper gesegnet sind (oder hart dafür gearbeitet haben), dann tragen Sie auch enge Klamotten. *If you got it flaunt it.*
- Seien Sie sichtbar. Gehen Sie nicht unbedingt aus, wenn der Laden gerammelt voll ist. Wichtig ist, daß Sie nicht übersehen werden – und ziehen Sie sich nicht an wie alle anderen. Stellen Sie sich nicht in den Schatten oder eine finstere Ecke. Nelsons bester Rat in diesem Zusammenhang: Vermitteln Sie den Eindruck, als hätten Sie Spaß – oder haben Sie Spaß. Ein gutgelaunter Einzelgänger ist in den meisten Bars ein so seltener Anblick, daß Sie damit sofort Eindruck machen.
- Nehmen Sie Augenkontakt auf, lachen Sie die Männer an, die Ihnen gefallen. Wenn Ihnen das schwerfällt, dann lernen Sie zumindest, einem freundlichen Blick auch freundlich zu begegnen.
- Wenn Ihnen einer besonders gefällt, machen Sie nicht den Fehler, gleichzeitig noch nach allen anderen zu schielen. Eine echte Unart!
- Bewegen Sie sich im Raum, gehen Sie aber zu Ihrem Standplatz zurück. Wenn Sie jemand anschaut, verbuchen Sie es nicht als Zufall, sondern erwidern Sie den Blick.
- Wenn Sie einen sehen, der Ihnen das Herz schmilzt – lassen Sie ihn nicht gehen, ohne ihn angebaggert zu haben. Wenn's nicht klappt, nehmen Sie's nicht tragisch. Es gibt andere.

• Noch ein kleiner Tip am Rande: Wenn es Sie entspannt, dann gehen Sie einfach mit Freunden oder Bekannten aus. Das nimmt den Druck. Aber vergraben Sie sich nicht in langwierige Diskussionen darüber, wie sich Ihr Wellensittich in der Mauser verhält und inwiefern eine spezielle Hanf-Diät depressive Zustände positiv begünstigt. Wirken Sie verfügbar! Und sagen Sie Ihren Bekannten fairerweise, wo an diesem Abend Ihr Hauptaugenmerk liegen wird.

Was Nelson für die Bars empfiehlt, läßt sich meines Erachtens auch auf fast jede andere Lokalität übertragen. Selbstverständlich ist es in einer eher heterosexuellen Umgebung wie zum Beispiel dem ICE riskanter, einen Korb zu bekommen, schlimmstenfalls eine aufs Maul, aber mann sollte für einen Flirt immer aufgeschlossen sein. Wie gesagt, Bars und Disco sind wegen Lautstärke und mangelnder Beleuchtung nicht immer der beste Treffpunkt. Gehen Sie also ruhig mal auf eine Vernissage, in ein Café, auf eine Party. Das Beispiel mit dem ICE habe ich auch nicht von ungefähr angeführt …

Neben Bars, Discos, Clubs, Saunen und dem Zug gibt es noch diverse andere Orte, an denen das Glück einen anlachen könnte. Eine Umfrage in meinem Freundeskreis hat folgende (stark gekürzte) Lokalitätenliste hervorgebracht: U-Bahn, Bibliothek, schwuler Buchladen, Konzert von Georgette Dee, Show von Désirée Nick, Dorfdisco, Uni-Vorlesung, Sex-Hotline, Cyber-Chat, Schützen- oder Feuerwehrfest, Krankenhaus, CSD-Demo, Kontaktanzeige, Sexshop, Flughafen, Kirche, Hotel-Lobby, Straße, Edeka, Krankenhaus, Imbiß, Kegelbahn, Butterfahrt, Malkurs, AA-Meeting, Strand etc. etc. *Anywhere goes …*

Also, seien Sie immer bereit zu lächeln!

Zwischenbemerkung: Teeschachtel

Einen der schönsten Sinnsprüche zum Thema Liebesbeziehungen fand ich auf einer Teeschachtel. Dort hieß es: »In einer gesunden Beziehung akzeptieren wir, daß wir beide einzigartige Gedanken, Gefühle, Interessen und Ansichten haben. Wir fühlen uns von Unterschiedlichkeiten nicht bedroht, denn wir vertrauen, respektieren und ehren einander. Unsere Beziehung setzt nicht voraus, daß wir unser Selbst aufgeben. Wir teilen viele Aktivitäten, Interessen und Einstellungen. Wir stimmen in vielen Dingen und Entscheidungen überein, doch haben wir auch das Recht, anderer Meinung zu sein, eigenen Interessen nachzugehen und auf die uns eigene Art zu wachsen und uns zu entwickeln. Unsere individuelle Entwicklung trägt zur Vertiefung und Kräftigung unserer Beziehung bei. Zusammenzukommen ist eine wunderschöne menschliche Erfahrung, wenn zwei komplexe Menschen sie teilen. Der Raum zwischen uns ist keine Grube voller Löwen, die darauf warten, uns zu fressen. Es ist ein frei fließender Fluß, über den wir eine Brücke des Vertrauens, der Achtung und der Liebe bauen können.« (© The Hazelden Foundation)

Goethe, Shakespeare und Madonna hätten es kaum schöner formulieren können. Nicht genug damit, daß die Aufschrift auf der Schachtel so schön ist – der Tee ist unglaublich lecker!

Küssen oder an die Wand schmeißen?

»Manche Prinzen sind Engel,
man erkennt sie im Gedrängel,
wenn man Glück hat, am Geruch …«
Georgette Dee

Jetzt ist er plötzlich da, ein Mann in Ihrem Leben, und Sie glauben zu wissen, daß er der Richtige ist. Woran merken Sie aber nun, daß es ihm umgekehrt genauso geht und er nicht nach dem dritten Date das Weite sucht? Letztlich gibt es keine Garantien, daß er bleiben wird. Es gibt jedoch eindeutige Zeichen, Beweise von Liebe und Zuneigung, für die Sie die Augen öffnen sollten. Das Ausmaß von Zeichen kann je nach Mann und Beziehung variieren, und selbst, wenn nur ein Minimum an Faktoren auf Ihre Beziehung zutrifft, ist noch nicht aller Tage Abend, vorausgesetzt, Sie beide können die Beziehung trotzdem genießen.

- Er hat ein Funkeln in den Augen, wenn Sie sich treffen.
- Er interessiert sich für Ihre Interessen, kultiviert jedoch auch seine eigenen weiter.
- Er engt Sie nicht ein, sondern unterstützt Sie.
- Er ist da, wenn Sie ihn brauchen.
- Sie können kommunizieren und dabei Spaß haben – verbal wie körperlich (Sex!).
- Er rennt vor Problemen nicht weg.
- Er kann seine Gefühle ausdrücken, ohne vor Scham in den Boden zu sinken. Selbst wenn er sinkt, teilt er sich mit.

Diese Faktoren dürfen Sie natürlich nicht nur von ihm erwarten, sondern er sie auch von Ihnen! Sind Sie dazu in der Lage?

Eine Beziehung ist der beste Rahmen, das Bedürfnis nach Nähe zu leben. Doch ist es gerade die Intimität, und ich meine jetzt nicht die sexuelle, die uns allen schwer zu schaffen macht. Einerseits wollen wir uns öffnen, andererseits haben wir die Befürchtung, ob er uns noch wollen wird, wenn wir das tun. Sich öffnen ist kein Prozeß mit bestimmten Abläufen. Die Sehnsucht nach Nähe wechselt sich ab mit dem Wunsch nach Distanz, ein Leben lang. Nicht genug damit, manchmal existieren beide gleichzeitig!

»Wir brauchen die Nähe zu anderen, weil sie uns ein Gefühl von Gemeinschaft gibt und uns in dem Glauben bestärkt, nicht allein auf der Welt zu sein. Aber wir brauchen auch die Distanz zu anderen, um unsere Unabhängigkeit bewahren zu können und nicht von den anderen unterdrückt oder verschlungen zu werden. In dieser Dualität spiegelt sich unser Menschsein. Wir sind Individuen und soziale Wesen«, schreibt Deborah Tannen.

Biologisch-darwinistisch betrachtet, müssen wir unsere eigenen Interessen wahren, um unser Überleben zu sichern (jeder ist sich selbst der nächste), und wir müssen soziale Kontakte pflegen, um durch sexuelle Nähe den Bestand der Spezies zu gewährleisten. Hier hat auch »Frauen und Kinder zuerst« seinen Ursprung. Eine (vielleicht schwangere) Frau trägt das Überleben in sich, so wie ein (auch männliches) Kind ebenfalls den Bestand retten kann, es sei denn, es ist wie wir – ätsch. Deshalb also Frauen und Blagen voran!

Ich werde später darauf eingehen, warum das Bedürfnis nach Nähe und das gleichzeitig existierende nach Distanz uns in der Beziehung am meisten zu schaffen macht. Soviel sei schon jetzt erwähnt: Wenn Ihr neuer Partner keinerlei Einsatz zeigt, über sein Gefühlsleben zu reden oder auch nur nachzudenken, er also nicht die Sprache der Nähe spricht, dann haben Sie ein Problem oder werden in Kürze eines bekommen.

Ein gewisses Maß an Offenheit ist die Grundvoraussetzung für ein zufriedenstellendes Miteinander. Offenheit erzeugt Nähe. Geht jemand permanent auf Distanz, wenn Sie mit einem Bedürfnis an ihn herantreten, fühlt er sich von den kleinsten Dingen unter Druck gesetzt, dann haben Sie eine harte Nuß zu knacken. Es gibt drei Möglichkeiten, damit umzugehen:

- Sie lassen es sich gefallen und leiden.
- Sie überdenken Ihre Bedürfnisse und entwickeln eine weniger repressive Art und Weise, auf Ihren Partner zuzugehen, sprich: Sie üben weniger Druck auf ihn aus. Es kann nie schaden, nachzudenken, weshalb man ein bestimmtes Bedürfnis hat und inwiefern man es mißverständlich formuliert, so daß es dem anderen wie eine Forderung vorkommt. Lesen Sie dazu das folgende Kapitel zum Thema Kommunikation! Partnertherapie ist auch eine Option, aber sprechen Sie ihn nicht gleich nach der ersten Woche darauf an.
- Sie verlassen ihn und beschäftigen sich mit sich selbst, bis Sie jemandem über den Weg laufen, der Ihr Entwicklungsniveau teilt und mit Offenheit keine massiven Schwierigkeiten hat (vielleicht jemand, der dieses Buch ebenfalls gelesen hat!).

Ob sie nun einen Prinzen oder einen Frosch an Land gezogen haben, können nur Sie selbst entscheiden. Was sie ebenfalls für sich wissen müssen: Haben Sie sich in den Mann verliebt oder in den Gedanken, eine Beziehung zu haben?

In love with love?

»You haven't learned how to love yourself –
you had to be the only one …«
Debbie Harry

Die Sehnsucht nach Paarbildung ist in fast jedem Menschen vorhanden und in der Regel stark ausgeprägt. Das ist, wie gesagt, biologisch bedingt. Manchmal ist es leicht zu verwechseln, ob man seinen Mann liebt oder einfach nur das Gefühl, »im Club« zu sein. Ich sehe an vielen Beispielen und habe es auch schon am eigenen Leib erlebt, wie weit man mitunter geht, um eine Beziehung zu erhalten, die nicht funktionstüchtig ist, nur um bloß nicht wieder auf sich selbst gestellt sein zu müssen. Liebe macht opportunistisch: Man nimmt, weil einem gegeben wird, und vergißt darüber, was man eigentlich wollte. Haben Sie sich je wirklich die Frage beantwortet, was Sie wollen – im Bett, im Büro, in der Beziehung? Wenn ja, herzlichen Glückwunsch. Die Chance ist groß, daß Ihr Blick geschärft ist und Sie sich nicht mit Typen einlassen, die auf einem niedrigeren Entwicklungsniveau sind und Sie mangels Aufgeklärtheit in ihren zugewucherten Gefühlsdschungel zerren, in dem man sich leicht mit der Machete wiederfindet, um das Land überhaupt erst zu entdecken, das man urbar machen wollte – auf daß es dann nach Abschluß der Entwicklungsarbeit von einem anderen bestellt wird …

Die sicherste Methode, der Beziehung eine Chance zum Gedeihen zu geben, ist, seine eigenen Interessen und Fähigkeiten und somit die Grundlagen des Selbstwertgefühls weiterhin zu kultivieren. Es ist gefährlich, die Beziehung zur einzigen Lebensgrundlage zu machen und sich ausschließlich darauf zu konzentrieren. Jetzt, wo wir das große Los gezogen haben, würden wir uns am liebsten nur noch dem Partner widmen und das Wir genießen.

Bitte machen Sie nicht den Fehler, alles, was Sie beim Ego-Boosting gelernt haben, wieder über Bord zu werfen. »You cannot look to someone else for your happiness« (Man kann sein eigenes Glück nicht bei jemand anderem suchen), hat Barbra Streisand oder einer ihrer Redenschreiber schlau formuliert. Das Glück liegt in der eigenen Hand, immer, auch wenn es sich noch so platt und abgedroschen anhört. Wenn Sie Ihre Stärken und Qualitäten in die Beziehung einbringen und aufrechterhalten, haben Sie bessere Karten, als wenn Sie sich auf das eine Gefühl kaprizieren, von dem wir alle wissen, daß es vergehen kann. Die aus der eigenen Kraft geborene innere Stärke werden Sie in einer Beziehung dringend benötigen!

Wenn Sie Ihre kreative, produktive Seite, Ihre Individualität zurücknehmen, setzen Sie die Beziehung unter Druck. Sie sind auf dem besten Wege, sich zu verlieren. Doch Sie sind weitaus mehr als ein Beziehungswesen – hier treffen wieder die Grundbedürfnisse von Distanz und Nähe aufeinander: Nähe steht für Liebe, das Aufgehobensein in einer Partnerschaft oder Gemeinschaft; Distanz steht für das individuelle Weiterkommen, für Grenzen, die man setzt, um sich zu schützen. Stellen Sie sich vor, Sie beide würden Ihr Leben außerhalb der Partnerschaft komplett vernachlässigen: Wirtschaftlicher Ruin und soziale Verarmung wären die Folge. Versuchen Sie mal unter diesen Bedingungen vierundzwanzig Stunden Honeymoon zu leben. Sie sehen: Distanz und Individualismus sind das Fundament für eine Partnerschaft, die beste Grundlage, Nähe zuzulassen.

Wenn die Sehnsucht nach Nähe Sie dominiert, sind Sie bereit, alles mögliche zu erdulden. Wir alle kennen Geschichten von Menschen, die sich in Beziehungen zu kompletten Idioten gemacht haben. Am schlimmsten sind die Berichte derer, die sich von ihrem Partner haben schlagen lassen, aber unfähig waren (oder sind), die Beziehung zu beenden. *Amour fou.* Nichtsdestotrotz habe ich Verständnis für Menschen in einer solchen Situation. Die Angst vor dem Alleinsein ist zu groß, um das Drama des Zusammenseins zu begreifen. Niemand verdient es, geschlagen zu werden, aber seltsamerweise finden sich Opfertypen oft in Beziehungen mit Schlägern wieder. Sie suchen förmlich nach einer Machtperson, die Druck auf sie ausübt (und, populärpsychologisch betrachtet, die Behandlung wiederholt, die sie in ihrer Kindheit und Jugend erlebt haben).

Die Angst vor dem Alleinsein ist berechtigt. Ist archaisch. Etwas Scheußliches. Aber es ist unrealistisch, anzunehmen, daß wir je »allein« sein werden, auch wenn Cher das Gegenteil behauptet (»Sooner or later we all sleep alone ...«).

Das Ego-Boosting sollte Ihnen klargemacht haben, daß es guttut, sich selbst zu bestätigen. Eine Partnerschaft kann ein Plus sein, indem sie dazu beiträgt, das Selbstwertgefühl zu stärken. Die Tatsache, daß wir alle in unserem Leben Zeiten hatten, in denen wir allein und glücklich waren, sollte uns den Horror vor dem Alleinsein nehmen. Wozu haben wir Freunde und Familie? Richtiggehend allein oder »einsam« müssen wir nicht sein.

Wenn Sie für sich feststellen, daß Sie beziehungs*süchtig* sind und Ihr Partner letztlich austauschbar ist, machen Sie sich klar, daß Sie Ihren Mann belügen, und fragen Sie sich, ob das fair ist. Sehen Sie ein, daß Sie allein durchaus überlebensfähig sind. Letztlich ist es eine Gewissensfrage, ob Ihre Sucht als Rechtfertigung ausreicht, einen Mann in der Illusion zu lassen, daß Sie eine gemeinsame Liebesbeziehung haben, wenn es Ihnen eigentlich nur darum geht, nicht allein zu sein. (Vielleicht halten Sie ihn so davon ab, seine wahre Liebe zu finden.) Wie meine Tante Rosa immer zu sagen pflegt: »Was du nicht willst, das man dir tu, das füg auch keinem andern zu.«

Die Hitliste schwuler Probleme

Craig Nelson zitiert in seinem Buch den Jungschen Analytiker Scott Wirth, der eine Liste mit Problemen und Problematiken aufstellte, die bei seinen schwulen Klienten wiederholt auftauchten. Wenn Sie Lust haben, ordnen Sie dieser Liste Ihre Ex-Freunde zu!

- Eine stilisierte weibliche Persona. Wer kennt sie nicht, die schwulen Diven …
- Überhöhtes Selbstgefühl (Noch eine Diva! Diesmal kann sie allerdings auch aussehen wie Burt Reynolds.)
- Probleme, eine intime Beziehung aufrechtzuerhalten: das Verschwinden von Geilheit. Die Unvereinbarkeit von emotionaler und sexueller Nähe (wobei nach meiner Erfahrung letztere für die meisten Schwulen grundsätzlich leichter herzustellen ist).
- Überidealisierung (Wie viele Rosenstolz-Plattensammlungen mußten Sie schon bewundern?) Übertriebene Rebellion gegen Autoritätsfiguren. Wenige Bullen sehen aus wie Peter Plate oder können singen wie Anna Err.
- Sexsucht (Surprise!)
- Gesellschaftliche Isolation und Einsamkeit
- Trauer wegen Aids
- Schwule Ghettoisierung
- Drogenabhängigkeit, Eßstörungen
- Das Unvermögen, in der Erwachsenenwelt die Kinderrolle abzulegen (Hier fällt mir ein Ex-Freund ein, der, wann immer ich ihm Unreife vorwarf, zurückschoß: »Ja, ich bin ein Kind – und ich bin stolz darauf!«)
- Geistiges Unwohlsein (Ah ja!)
- Steckenbleiben in diversen schwulen Stereotypen (Auf die Schulter aschen, selbst wenn man mittlerweile Nichtraucher geworden ist)

• Fetischisierung von Körperteilen und Gegenständen (Turnschuh-Pornos!)
• Männerhaß (Er hat nur Freundinnen), Frauenhaß (Er hat nur Freunde).
• Heterophobie (Er kotzt beim Anblick von Kleinfamilien oder schwangeren Frauen – das Duo Malediva hat daraus einen wunderbaren roten Faden für sein Chanson-Programm gemacht. Für ihn ist jeder schwul, der schön ist, einfach, weil es so sein muß. Er ist unfähig, einem schönen Mann Heterosexualität zuzugestehen, und weiß natürlich ganz genau, daß Johnny Depp absolut schwul ist, selbst wenn er schon längst ein Kind mit Vanessa Paradis hat ...)
• Homophober Selbsthaß (Wie bereits gesagt, bin ich der Überzeugung, daß wir alle ihn als Rudiment mit uns herumschleppen und die aufgelisteten Problemfelder hier ihren Ursprung haben dürften.)
• Fixierung auf Jugend und Schönheit, Panik vorm Alter(n)
• Überzogene maskuline Posen und Posituren (Wirth hatte offenbar Klienten, die direkt vom Ledertreffen zu einer Therapiesitzung kamen.)

Zwischenbemerkung: Wohlbefinden

»Liebe fordert nicht, sie akzeptiert den Partner in seiner Eigenständigkeit. Das ist nur dann möglich, wenn wir uns selbst akzeptieren und in unserem Wohlbefinden nicht abhängig vom Partner sind, wenn wir wissen, daß wir für unsere Zufriedenheit nur selbst verantwortlich sind. Nur dann können wir unseren Partner als Person akzeptieren und seine Verhaltensweisen tolerieren. Von dieser Fähigkeit sind die meisten Menschen jedoch weit entfernt. Aber wir alle können in kleinen Schritten lernen, uns selbst und den Partner so zu nehmen, wie wir sind beziehungsweise wie er ist.« *Klaus Koch* und *Bärbel Schwertfeger* – für solch brillante Gedanken braucht's manchmal zwei Autoren …

Die Beziehung: Erwartung, Verständnis und Mißverständnis

»It's not my business to decide how good you are for me,
how valuable you are and what the world can see,
only that you try to understand me
and have the courage to love me for me!«
Madonna

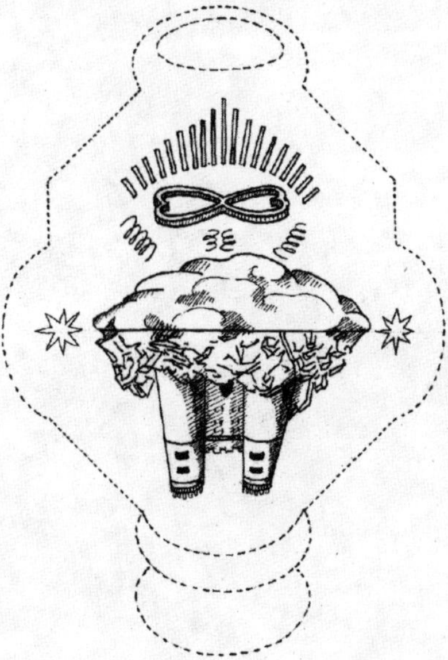

Stellen Sie sich vor, Sie besuchen den Orient und wollen einen Teppich kaufen. Sie wissen, worauf ich hinauswill – andere Länder, andere Sitten. Bevor man Ihnen den Teppich verkauft, werden Sie zum Tee eingeladen, Ihnen werden die verschiedensten Modelle vorgeführt, selbst wenn Sie Ihre Entscheidung schon längst getroffen haben, und der Preis wird verhandelt. Wenn Sie auf das erste Angebot eingehen, sind Sie nicht nur selbst schuld, sondern verletzen die Etikette. Dies ist ein klassischer Fall interkultureller Kommunikation.

An diesem Beispiel wird klar, daß Kommunikation nicht allein den Sprachakt an sich beinhaltet, sondern auch das Zeremoniell, das ihn umgibt, einbindet. In der Linguistik spricht man vom Gesprächs*rahmen*. Deborah Tannen hat einige Thesen aufgestellt, die ich im Umgang mit Beziehung und der Menschheit im allgemeinen sehr brauchbar finde. Ihr Hauptaugenmerk liegt auf der Kommunikation (und vor allem den Kommunikationsmißerfolgen) zwischen Männern und Frauen. Zuerst hielt ich es für überflüssig, mir ein so heterozentristisch konzipiertes Buch zu Gemüte zu führen, stellte jedoch schnell fest, daß ihre Zuordnungen »männlich«/»weiblich« eher der einfachen Kategorisierung dienen, im täglichen Sprachgebrauch jedoch verschwimmen. Ebenso wie Nähe und Distanz kann beides im gleichen Moment, in der gleichen Person vorhanden sein.

Tannen behauptet, daß das Gespräch zwischen Mann und Frau ein interkulturelles Gespräch ist, genau wie die skizzierte Teppichverhandlung. Auch wenn das auf den ersten

Blick sexistisch wirkt, überzeugen ihre Argumentationen. Daß sie nicht sexistisch sind, wenn man die Begriffe »männlich«/»weiblich« mit Vorsicht verwendet, wird bei der Übertragung ihrer Thesen auf schwule Beziehungsgespräche deutlich.

Berichts- und Beziehungssprache

»Don't go for second best, Baby, put your love to the test.
Make him express how it feels and, Baby,
then you know your love is real!«
Madonna

Deborah Tannen stellt in ihren Untersuchungen fest, daß sich Männer- und Frauengespräche bereits in der Kindheit unterscheiden: Ein Gespräch zwischen Mädchen soll Solidarität und Nähe herstellen, was oft über die Preisgabe von Intimitäten und Geheimnissen, den Austausch von Klatsch gelingt. Tannen bezeichnet diese Sprache als »Beziehungssprache«. Jungengespräche dienen in erster Linie dem Austausch von Informationen (laut Tannen »Berichtssprache«), nicht so sehr dem Schildern von Gefühlen. In einer Jungenfreundschaft geht es weniger um Nähe denn um Hierarchien. Jungen trumpfen auf, um ihren Status zu sichern. Erinnern Sie sich an das letzte Telefongespräch mit Ihrem Vater? Wie lang dauerte es, bis er Sie an Ihre Mutter weiterreichte? Und wie lange sprachen Sie dann mit ihr? Sie sehen, was ich meine.

Die Grundhaltung in der Kommunikation könnte also unterschiedlicher kaum sein. Mißverständnisse sind vorprogrammiert. Schlimmer als das: Es kann hochgradig frustrierend sein, »nicht verstanden« zu werden. Trotzdem hören Heteros nicht auf zu heiraten – und Schwule, es sich zu wünschen. So schlimm kann es also auch wieder nicht sein.

In seinem schwulen Ratgeber ›Männer lieben Männer‹ sagt der Partnertherapeut Rik Isensee, daß die Grundbedingung für Nähe in einer Beziehung die Bereitschaft ist, über Gefühle zu reden. Das leuchtet ein, ist aber in der Praxis häufig schwierig zu beherzigen, insbesondere, wenn Sie oder Ihr Partner Opfer einer klassischen Jungensozialisierung sind, die das Reden über Gefühle als »weibisch« abtut. In diesem Zusammenhang gebe ich zu bedenken: Sie kennen ein paar Frauen, nehme ich an; Sie reden noch mit Ihrer Mutter; sie haben möglicherweise eine Schwester; sie haben Freundinnen; vielleicht haben Sie sogar eine »beste Freundin«. Ich möchte Sie bitten, den Begriff »weibisch« zu überdenken. Mir schwingt da ein bißchen zuviel Antipathie mit. »Weiblich« klingt schon weniger machistisch. Was ist schlimm an etwas, das man mit dem Adjektiv »weiblich« belegt? Mir fällt nichts ein. Ihnen?

Okay, Sie sind ein Mann. Aber ist es nicht ein bißchen einseitig, sich nur als »männlich« zu definieren? Das wäre ja, als ob Sie sagen: Ich bin Deutscher – oder Engländer, oder Spanier. Selbst wenn Sie es sind, so sind Sie doch mehr als das. Ein schwuler Deutscher zum Beispiel. Vielleicht kommen Sie sich als schwuler Deutscher manchmal spanisch vor. Es ist mir geradezu unbegreiflich, wie sehr sich manche Männer scheuen, eine als »weiblich« eingeordnete Charaktereigenschaft ihr eigen zu nennen.

Mir dünkt, da ist noch Papas *brainwash* aktiv, und ich frage mich und Sie, ob es nicht an der Zeit ist, mit Kategorisierungen aufzuräumen, die uns eingetrichtert wurden, als wir drei Jahre alt waren.

An dem Unvermögen, die eigenen Gefühle zu begreifen, geschweige denn sie zu äußern, scheitern die meisten schwulen Beziehungen. Warum fällt es uns vergleichsweise leicht, zu sagen: »Ich brauche Abstand«, aber schwer zu formulieren: »Im Moment bin ich mit der Situation überfordert und brauche etwas Zeit, über mein Gefühlschaos nachzudenken – aber das ist keine Bedrohung für unsere Beziehung«? Mit dem ersten Satz leitet man eine Aktion ein, nämlich den Rückzug, mit dem zweiten gibt man etwas Intimes von sich preis. Das macht verletzlich.

Kürzlich telefonierte ich mit einem Ex-Freund, der gerade eine Beziehung beendet hatte. Er berichtete mir eine Viertelstunde lang von seinem Urlaub in Italien, dem dritten in diesem Jahr (wir schreiben April), den er nicht zuletzt angetreten hatte, weil er mit seiner Lebenssituation überfordert gewesen war. Er schilderte detailliert, was sich alles ereignet hatte, sprach von Spaziergängen, einer Autopanne und anderem und erwähnte in einem flüchtigen Beisatz »vor Italien war ich so deprimiert«, nur um sofort wieder in seine Berichterstattung zu verfallen. Selbst mit dem Ausdrücken seines Gefühlsstaus »deprimiert« erstattete er Bericht, da er nicht auf die Gründe seiner Depression einging.

An seinem Beispiel werden zwei klassisch-»männliche« Verhaltensweisen deutlich: Erstens ist er jemand, der Distanz (Urlaub = Isolation = Ich-Vergewisserung) braucht, um seinen Status zu wahren oder wiederzuerlangen; zweitens jemand, der über Gefühle nicht redet und statt dessen Ereignisse berichtet. Genau das hatte mich in unserer Beziehung immer wieder auf die Palme gebracht.

Es wird Sie nicht überraschen, daß ich aufgrund meiner Mädchensozialisation dem Analysieren und Ausdrücken von Gefühlen aufgeschlossener gegenüberstehe – sonst wäre ich gar nicht in der Lage, dieses Buch zu schreiben. Nichtsdestotrotz finden sich in den meisten schwulen Männern Charakteristika *beider* Sprachstile, auch bei mir. Es kann nicht schaden, ein Gespür dafür zu entwickeln, was in uns und unserem Partner vorgeht, wenn wir in einer spezifischen Art und Weise eine bestimmte Aussage treffen und damit einen Konflikt auslösen.

Verschiedenheit von Meinung: Meinungsverschiedenheit

»And it's hard to accept when you love someone
and you're led to believe in their moment of need
that they want what you want and they don't …«
Madonna

Wenn wir ein paar Wochen mit dem Mann verbracht haben, mit dem wir die nächsten Monate, Jahre, Jahrzehnte unseres Lebens teilen wollen, stellen sich verschiedene Routinen ein. Der Sex wird weniger. Das Funkeln im Auge des Gegenübers ist nicht mehr permanent eingeschaltet. Wir lernen langsam die Spezifika kennen, die unseren Partner charakterisieren. Wir beobachten ihn nicht mehr nur noch als Partner, sondern auch als soziales Wesen mit eigenem Freundeskreis, mit Interessen, Vorlieben und Abneigungen. Wir verlassen den Binnenraum des Frischverliebtseins und erleben unseren Mann als einen Menschen mit Vergangenheit. Die Beziehung beginnt komplex zu werden, denn waren wir bislang bemüht, ihm ausschließlich unser Bestes zu geben, bricht jetzt langsam der Alltag mit seinen Nebensächlichkeiten und Widrigkeiten in die Beziehung ein. Man kann auch einfach sagen: Wir lernen uns kennen.

Das kann ein wundervoller Prozeß sein, aber er birgt auch die Gefahr der ersten Meinungsverschiedenheiten. Der Begriff ist durchaus wörtlich zu verstehen. Wir haben uns einen Partner gewählt, zunächst, weil er ist, wie er ist. Er hat eine bestimmte Reaktion – die der tiefen Zuneigung – in uns ausgelöst, und plötzlich merken wir, daß wir bei manchen Fragen nicht mit ihm übereinstimmen. Daß unsere Meinungen in einigen Punkten verschieden sind, ist normal. Selbst von den besten Freunden kann man nicht immer Verständnis erwarten, und schließlich wollen wir mit unserem

Partner keine Freundes-, sondern eine Liebesbeziehung leben.

Ein Ex-Freund von mir hat einmal sehr charmant und weitsichtig formuliert: »Na wenn ick wollte, det du bist wie icke, denn könnt ick ma ja ooch vorn Spiegel stell'n und mir een runterhol'n.« Doch letztlich ist es eine Frage der Einstellung: Man sieht viele schwule Paare, in denen sich die Partner gleichen wie ein Ei dem anderen (inbesondere Glatzen scheinen ansteckend zu sein). Vielleicht akuter Narzißmus, vielleicht auch nur die Sehnsucht, sich verwandt zu fühlen. Doch selbst diese – scheint's geklonten – Partner werden nicht immer einer Meinung sein.

Ob es nun politische Einstellungen sind, ein Film oder eine CD, über die man unterschiedlicher Ansicht ist: Es ist immer ein wenig desillusionierend, festzustellen, daß man nicht rundum akzeptiert, geliebt und bewundert wird. An diesem Punkt jedoch fängt eine Affäre erst an, zur Beziehung zu werden. Jetzt muß man sich klarmachen, daß man selbst vielleicht den Lieblings-Song als wesentlichen Bestandteil seiner Seele betrachtet, der Partner jedoch nicht nachvollziehen kann, wie sehr wir etwas Äußerliches so verinnerlichen konnten. Die Ablehnung eines einzelnen Faktors darf man nicht als Urteil über das Ganze mißverstehen. Okay, ärgern Sie sich ruhig ein bißchen, daß er Marianne Rosenberg scheußlich findet, Ihren selbstgeflochtenen Brotkorb weggeworfen und durch einen von Alessi ersetzt hat, aber bitte vergessen Sie nicht, daß er Sie statt dessen für Dinge liebt und Züge an Ihnen achtet, die Sie selber als völlig nebensächlich einstufen.

Sie kennen mittlerweile meine Vorliebe für Listen. Es ist wieder soweit: Notieren Sie auf einem Blatt Papier all das, was Sie an Ihrem Partner lieben und bewundern, was Ihnen gefällt. Lassen Sie sich Zeit, schwelgen und schwärmen Sie! Vielleicht gefällt Ihnen an ihm, wie geräuschlos er ißt, wie er sich ausdrücken kann, wie souverän er mit Problemen umgeht; sein Bauchnabel, die Primzahlen seiner Telefonnummer, was weiß ich. Auf der Rückseite des Blattes können Sie ihn dann kritisieren. Vielleicht rülpst er zu laut und lacht zu leise. Oder er hat störende Nasenhaare und weigert sich, sie zu entfernen – schreiben Sie's auf. Diese Liste sollten Sie nicht in seiner Anwesenheit erstellen, ich sag das vorsichtshalber dazu. Allerdings wird er sich freuen, wenn Sie ihm dann und wann sagen, was Ihnen an ihm gefällt. Diesen Satz möchte ich Sie bitten zu unterstreichen!

Sollte die Blattrückseite überquellen und auf der Vorderseite kaum etwas stehen, muß ich Sie kaum darauf hinweisen, daß etwas nicht stimmt. In der Regel sieht es Gott sei Dank anders aus. Zweck der Aufgabe ist letztlich, die Sinne zu schärfen für die Qualitäten des Geliebten. Craig Nelson schlägt eine weitere Liste vor: die der Traumeigenschaften, die man von seinem Partner erwartet. Ich weiß nicht, was ich davon halten soll. Traumpartner gibt es nur in Träumen – wir sind jedoch mit Menschen konfrontiert. Mann sollte nicht so mäkelig sein: »Ja, sicher ist er intelligent, gut im Bett, kann seine Gefühle ausdrücken. Aber er schlürft seine Suppe!« So kann das nix werden.

Wir müssen uns eine Frage stellen, und das sollte fairerweise sehr früh in der Beziehung geschehen: Will ich ihn, so wie er ist, oder will ich ihn, wie ich mir wünsche, daß er wäre? Mäkelei und die Ablehnung von kleinen Fehlern ist oft nur ein unbewußter Ausdruck unserer Angst vor Nähe. Irgend etwas in uns will sich abspalten, um unsere Individualität zu erhalten. Das ist bei einer Eltern-Kind-Situation ähnlich. Haben Sie mal erlebt (oder noch in Erinnerung), wie man sich als Pubertierender über die Eltern aufregt?! Jede noch so lächerliche Kleinigkeit wird aufgebläht, all das unter dem Vorzeichen der Demonstration von Unabhängigkeit. Die ersten Wochen der Beziehung geraten so zum Teenage-Revival, und unsere Urteilsfähigkeit ist getrübt. »Unabhängigkeit« ist eine Illusion, genau wie eine »unkaputtbare Bindung«. Beides sind Extremzustände, die, wenn erreicht, zur Asozialität führen würden, es sei denn, wir leben auf einer unbesiedelten Insel – wobei die Abwesenheit eines sozialen Kreises auch eine Form von Asozialität ist.

Nähe, Distanz und (halten Sie sich fest) komplementäre Schismogenese

»It was so easy in the beginning when you didn't feel like running from your feelings like you are now. What happened? What do I remind you of? Your past, your dreams, or some part of yourself that you just can't love?«
Madonna

Wahrscheinlich kennen Sie folgende Szene: Es ist 20.00 Uhr. Sie sind seit etwa zwei Stunden zu Hause, und Ihr Boyfriend weiß das. Sie sind nicht wirklich verabredet, gehen aber davon aus, daß Sie Ihren Liebsten sehen werden. Irgend etwas hält Sie davon ab, ihn anzurufen. Sie denken wahrscheinlich, jetzt ist er mal an der Reihe. Es wird 20.05 Uhr, 20.20 Uhr und gar 20.30 Uhr. Sie fangen an sich zu ärgern. Warum ruft er nicht endlich an? Es ist ja nicht so, als hätten Sie nichts Besseres zu tun, als zu warten. Offenbar doch nicht. Denn was Sie tun, ist nichts anderes als das.

20.35 Uhr. Das Telefon klingelt. Sie sind absolut verbiestert.

Er (müde klingend): »Hi, wie sieht's aus?«
Sie (am Siedepunkt): »Wie soll's schon aussehn?«
Er: »Ich bin heut auch nicht so gut drauf.«
Sie (Hysterie schwingt mit): »Sehen wir uns also nicht?«
Er: »Morgen abend wäre mir lieber.«

Sie: »Das fällt dir jetzt ein?«

Er: »Wieso? Ich will einfach noch was arbeiten und dann früh schlafen gehen.«

Ich muß nicht weiterschreiben, Sie wissen, was ich meine. Er will Sie nicht sehen. Er liebt Sie wahrscheinlich sowieso nicht. Morgen ist Schluß. Wenn Sie so weitermachen, könnte das durchaus bald der Fall sein.

Allein der Gedanke, daß er Ihre Nähe an diesem einen Abend nicht will, bringt Sie zu dem Schluß, daß er Sie nicht liebt. Sie geraten in Panik und werden immer zickiger, bestrafen ihn dafür, daß er auf Distanz geht, klagen Nähe ein und eröffnen eine Spirale, die sich so lange hochschraubt, bis es knallt. Deborah Tannen bezeichnet diesen Vorgang, das Einklagen einer Erwartungshaltung (»ich will Nähe«), die beim Gesprächspartner das Gegenteil (»ich brauche Distanz«) provoziert, als *komplementäre Schismogenese.* Ich liebe dieses Wort in all seiner lautmalerischen Pracht!

Man könnte auch von einer *self-fulfilling prophecy* sprechen. Das heißt nichts anderes, als daß Sie durch ein bestimmtes Verhalten genau das bewirken, was Sie befürchten. Sie sorgen dafür, daß Ihre Befürchtung Wahrheit wird, weil Sie bereits so agieren, als sei dies der Fall. Dabei will der Mann vielleicht wirklich nur mal eine Nacht ruhig schlafen und nicht schon wieder einen olympiareifen Sexrekord aufstellen. Relax!

Tannen weist die komplementäre Schismogenese wieder dem Männlich/Weiblich-Prinzip zu, aber aus eigener Erfahrung und aus Gesprächen mit vielen Menschen weiß ich, daß es letztlich nichts mit dem Geschlecht zu tun hat, sondern mit der Art und Weise, wie verständlich zwei Kommunikationspartner ihre Erwartungshaltung ausdrücken und ausdrücken können. Ich habe bereits darauf hingewiesen, daß eigentlich fast jede Unterhaltung eine interkulturelle Kommunikation darstellt.

Die Varianten des *Genderlekt* (also der geschlechtsspezifischen Sprache) sind genauso vielfältig wie die denkbaren Möglichkeiten von *gender* – also dem Geschlecht, das nicht notwendigerweise dem biologischen Geschlecht entspricht. Es gibt, das wissen wir mittlerweile, nicht nur eindeutige Geschlechterrollen, sondern neben Männern und Frauen auch weibliche wie männliche *butches*, Tunten, Transen, *femmes*. Das sind nur einige der existierenden Varianten, ganz zu schweigen von den noch vorstellbaren Spielarten. *It's a wonderful world.*

Lassen Sie mich an dieser Stelle ein bitteres Geheimnis lüften: Nach der massiven Lektüre von Selbsthilfebüchern bin ich zu dem traurigen Schluß gekommen, daß diese Ratgeber selten von Menschen gelesen werden, die ein schwerwiegendes Problem haben. Meist liest man sie, um zu verstehen, was in anderen Menschen vor sich geht und warum ihnen das Probleme verursacht. Tannens Bücher sind im Grunde so ausgerichtet, daß sie sich an den klugen und wißbegierigen, mündigen Bürger (öfter noch: Bürgerin) wenden, der die Sensibilität zu entwickeln hat, sein Gegenüber zu begreifen. Und sich dann zu überlegen, ob er gewillt ist, die Äußerungen jedesmal durch einen Filter laufen zu lassen, um ihre wirkliche Bedeutung herauszulesen. Nichtsdestotrotz hoffe ich, daß dieses Buch Ihnen nicht nur hilft, Ihren Partner besser zu verstehen, sondern auch (und vor allen Dingen), Ihre eigenen Bedürfnisse und Hoffnungen zu erkennen. Denn wenn Sie Verständnis für Ihre Erwartungen entwickeln, können Sie auch Ihre Enttäuschungen und Ängste besser in den Griff bekommen oder sie bereits im Vorfeld vermeiden.

Die oben beschriebene Unterhaltung hatte Vorzeichen und Grundthemen. Er hatte wirklich zuviel zu tun, um Sie anzurufen, oder er erahnte bereits, daß Sie enttäuscht (und gegebenenfalls zickig) reagieren würden, wenn er sagt, daß er allein sein möchte. Deshalb hat er (komplementär schismogenetisch) erst gar nicht angerufen, sondern gewartet, bis es unvermeidlich schien – seine Laune wird auch nicht die beste gewesen sein. Sie wiederum waren so auf Ihre Horrorphantasie fixiert, daß Sie sein Angebot, sich am folgenden Tag zu treffen, überhört haben und seine Beweggründe für einen ruhigen Abend für erlogen hielten.

Beruhigen Sie sich! Wie lange sind Sie mit ihm zusammen? Drei Wochen, vier Wochen? Wie lange haben Sie vor, mit ihm zusammenzubleiben? Den Rest Ihres Lebens? Fein. Dann machen Sie sich doch keinen Streß wegen *eines* Abends, an dem er Sie nicht sehen möchte. Wenn Sie jetzt schon überreagieren, was tun Sie dann, wenn er mal mit einem Ex ausgehen will? Lassen Sie sich Zeit, das ist enorm wichtig. Es gibt keinen Grund zur Eile. Wenn Sie das begriffen haben, machen Sie sich auch keinen Druck mehr, sondern lernen, die Zeit ohne ihn sinn- und lustvoll zu nutzen.

Lassen Sie sich nicht von so trivialen Umständen aus dem Gleichgewicht bringen, gehen Sie an einem solchen Abend mit Freunden aus oder lesen Sie ein gutes Buch. Tut mir leid, wenn ich jetzt zu mütterlich klinge, aber ein Verhalten, wie ich es beschrieben habe, kann Sie auseinanderbringen. Das Wort Schismogenese bedeutet nichts anderes, als daß sich ein Spalt entwickelt, ein Spalt, der wächst, wächst und wächst.

Sehen Sie zu, daß Sie Ihr Leben außerhalb der Beziehung aufrechterhalten. Ich meine damit nicht, daß Sie sich anderweitig austoben sollen, weil Ihr Mann mal einen Abend nicht will, sondern daß Sie Ihre Interessen pflegen. Nichts ist einer Liebe abträglicher, als wenn ein Liebender zu einem reinen Beziehungswesen verkommt, für das es nichts anderes gibt als die Segen und Flüche der Partnerschaft. Haben wir uns nicht alle schon über die Verwandten amüsiert, deren Gesprächsbeiträge immer mit einem Satz wie »Aber mein Mann sagt immer …« beginnen? Passen wir also auf, daß wir nicht in diese Kategorie rutschen! (Und wenn ich in einem solchen Fall, wie auch in vielen anderen, Ihnen, lieber Leser, mit dem integrativen »Wir« komme, dann meine ich das keinesfalls krankenschwesterlich-herabsetzend.)

Den Wunsch nach Nähe und den nach Distanz als Grundsituationen der Kommunikation zu begreifen und dieses Verständnis weiterzuentwickeln kann Ihnen helfen, schwierige Situationen durchzustehen. Entspricht Ihr Partner eher dem Hetero-Mann-Klischee, dann ist es gut möglich, daß er mit einer gewissen Distanz sogar etwas sehr Schönes und Gutes bezweckt: Er erteilt Ihnen das Recht auf Freiheit, das er selber für sich in Anspruch nimmt, und betrachtet dieses »Geschenk« als ein Zeichen von Nähe und Intimität. Tja, manchmal muß man um die Ecke denken …

Unterschiedlicher Gesprächsstil: »Es ist nicht, was du gesagt hast, sondern wie du es gesagt hast.«

»Wir würden alle gut daran tun, unseren automatischen Reaktionen auf das, was andere sagen, zu mißtrauen, insbesondere, wenn unsere automatische Reaktion negativ ist. Statt dessen sollten wir versuchen, die Dinge aus der Perspektive des anderen zu sehen.«
Deborah Tannen

Nicht nur sind die Grundbedürfnisse zweier Kommunikationspartner meist unterschiedlich in ihrer Balance zwischen dem Bedürfnis nach Nähe und Distanz, häufig kommt erschwerend hinzu, daß der Gesprächsstil sich wesentlich unterscheidet. Der Ton macht die Musik – und wir und unser Mann schreiben unterschiedliche Partituren.

Jeder Mensch hat aufgrund seiner Sozialisation andere Sprachgewohnheiten. Das spiegelt sich nicht nur in der Vorliebe mancher Umschreibungen: Dem einen geht etwas »auf den Sack«, dem anderen »auf die Ketten«; der eine ist »vor den Koffer gesaust«, der andere »durchgeknallt«. Die Art und Weise, wie wir Sprache mit Bedeutung füllen, differiert genausosehr. Wenn wir jemandem zuhören, reagieren wir nicht nur auf den Inhalt, sondern viel stärker auf die versteckten Botschaften, die den Inhalt für uns mit Bedeutung füllen. Körpersprache ist ein solcher Faktor, Betonung ein anderer. Es geht jedoch viel weiter: wie jemand Pausen setzt, wie sein Blick gerichtet ist, ob er langsam oder schnell spricht, hoch oder tief, laut oder leise, ob er in Dialekte rutscht, lächelt oder ernst schaut. Die Liste ließe sich fortsetzen. Wir interpretieren seine Äußerungen vor dem Hintergrund unseres eigenen Sprachverhaltens. Das verleitet oft zu Fehlinterpretationen.

In einer meiner Beziehungen hatte ich fortwährend den Eindruck, ich käme überhaupt nicht zu Wort. Sobald ich einen Satz anfing, unterbrach mich mein Freund und führte ihn fort. Was mich maßlos nervte, da ich das Gefühl bekam, er höre mir nicht zu. Als ich einer Freundin sagte, wie sehr mich diese Gespräche frustrierten, meinte sie nur: »Das machst doch du genauso.« Und sie hatte recht. Erwischt! In einigen Gesprächen mit Freunden, wenn ich glaubte zu wissen, worauf sie hinauswollten, quatschte auch ich ihnen rein – manchmal mit der Motivation, die Sache auf den Punkt zu bringen und ihnen längere Erläuterungen zu ersparen.

Mein Freund und ich grätschten uns schließlich in die Sätze, und es entwickelte sich daraus ein witziger Sprachstil. Keiner von uns war frustriert, weil wir beide wußten, daß der andere in dem Moment der Unterbrechung auf der gleichen Wellenlänge war. Es kam zu den absurdesten Situationen, wenn der eine etwas anderes ausdrücken wollte und den Satz in eine falsche Richtung beendete. Wenn es zu sehr nervte, ständig unterbrochen zu werden, signalisierten wir uns das.

Ein anderes Beispiel: Eine Freundin von mir macht am Telefon (für meine Verhältnisse) ungewöhnlich lange Pausen. Das führte dazu, daß ich häufig nachfragte, ob sie noch da sei. Ich bin eher gewohnt, spontan loszureden und kaum Pausen zu setzen. Oft quatschte ich sie komplett zu, so daß unsere Gespräche eher zu Monologen wurden. Irgendwann gewöhnte ich mir an, bei einer ihrer Pausen langsam bis vier zu zählen, und siehe da: Sie sprach, und wir gerieten in einen Dialog.

Es gibt bestimmte Ausdrücke, die uns zur Weißglut bringen, ohne daß der Sprecher weiß, was er einem damit antut. In meiner letzten Beziehung beendete mein Freund Sätze oft mit »Findest du nicht?«. Ich deutete das immer so, daß er mit diesem Nachsatz implizierte, ich sei sowieso anderer Meinung und könnte seinen Eindruck nicht teilen. »Ich finde es schön hier, findest du nicht?« Subtext: »Du bestimmt nicht, du bist ja eh anders, und ich habe einen viel ausgeprägteren Sinn, das Schöne zu sehen, als du.« Alles, was er wollte, war, daß ich ihm zustimme und die Negierung negiere. Er hatte eben diesen Standardsatz. Schon kompliziert.

Kennen wir unseren Partner länger, lernen wir, was es mit bestimmten wiederkehrenden Mustern im Gesprächsstil auf sich hat. Es ist wichtig, im Hinterkopf zu behalten, daß das Vermitteln von Gefühlen und Bedeutungen bei ihm anders funktioniert als bei uns. Wir dürfen unseren eigenen Stil nicht zum alleinigen Maßstab machen. Bei Mustern wie Pausen oder Reinreden hilft es, sich auf das Muster einzulassen und es selbst auszuprobieren. Wenn einem das zu sehr gegen den Strich geht, sollte man es dem Partner mitteilen, aber berücksichtigen, daß er sich nicht rund um die Uhr bemühen kann, uns seine Äußerungen mundgerecht zu reichen. Wir merken ja selbst, wie schwierig es ist, Muster abzulegen, mit denen wir jahrelang arbeiten.

Über das Sprechen zu sprechen ist oft genauso schwierig, wie über Gefühle zu reden. Das Fazit kann sein, daß man sich zensiert fühlt, wenn der Freund bestimmte Ausdrücke und Ausdrucksformen kritisiert. Mein »Findest-du-nicht?«-Freund fand es arrogant, wenn ich im Gespräch englische Ausdrücke verwendete. Ich fand es arrogant, mir Arroganz zu unterstellen. Da ich einen sehr ausschweifenden und spontanen Gesprächsstil habe, kommt es häufig vor, daß ich englische Vokabeln verwende, wenn sie mir schneller einfallen als deutsche. Es geht mir nicht darum, mit meiner Bildung zu prahlen, sondern das, was ich formulieren möchte, so schnell und adäquat wie möglich rüberzubringen, und, *let's face it*, mitunter hat Englisch einfach den schöneren Klang.

Wenn man versucht, seine Ausdrucksart zu kontrollieren, kann eine Unterhaltung steif und frustrierend werden. Man kommt sich vor, als befände man sich in einem Bewerbungsgespräch, in dem man bestimmte Begriffe nicht verwendet, weil der Rahmen nicht entsprechend ist. Statt zu versuchen, den anderen zu ändern, kann man sich bemühen, für seinen Gesprächsstil Verständnis aufzubringen – ein Lernprozeß, der sich lohnen kann, da er dem Mißverständnis entgegenwirkt.

Tell him

»Es hat keinen Sinn, dem anderen zu erzählen,
was man will, wenn man will,
daß der andere von allein weiß, was man will.«
Deborah Tannen

So unterschiedlich wie der Stil sind auch Erwartungshaltungen, die man an ein Gespräch und den Gesprächspartner stellt. Sicherlich wäre es schön, jemanden zu haben, der einem die Wünsche von den Augen abliest, aber auf Dauer stelle ich mir das langweilig vor. Eine bestimmte Erwartung zu hegen, die nicht erfüllt wird, kann frustrierend sein. Meist steckt keine böse Absicht dahinter, wenn unser Mann diese Erwartung nicht erfüllt. Er ist kein Hellseher, und höchstwahrscheinlich kommuniziert er in einem anderen Muster als wir. Am Beispiel des Reinredens ist bereits klargeworden, daß etwas, das wir als beleidigend einstufen, oft ebensogut ein Ausdruck von Zuneigung und Nähe sein kann. Ein überlappendes Gespräch kann ein irrwitziges Tempo entwickeln und bietet Möglichkeit für hervorragende Crescendi. Ein anderes Problem, das ich in vielen Beziehungen erlebt habe, ist, daß ein Partner in stärkerem Maße nach seiner Befindlichkeit gefragt werden möchte. Womit wir wieder bei den Begriffen Berichts- und Beziehungssprache wären.

Für den einen mag es selbstverständlich sein, von seinen Erlebnissen bei der Arbeit oder in der Szene zu berichten, aber nicht nach denen seines Freundes zu fragen. Das ist oft nicht Ausdruck von Desinteresse oder Zeichen von Egoismus, sondern ein Aspekt der »männlichen« Berichtssprache. Es wird erwartet, daß der Gesprächspartner mit seinen Informationen nachkommt – nach dem Schema »erst ich, dann du«. Nur wenn der andere seinen Bericht erstattet und der Partner desinteressiert reagiert, gibt es wirklich Anlaß zu Frustration.

Da es nicht angenehm ist, wenn Erwartungen immer öfter unerfüllt bleiben, möchte ich im folgenden Kapitel einige Tips geben, wie mit Konfliktsituationen umgegangen werden kann.

Streß & Streit:
Strapazen der Partnerschaft

»I was angry with my friend. I told my wrath,
my wrath did end. I was angry with my foe.
I told it not, my wrath did grow.«
William Blake

In jeder Beziehung kommt irgendwann der Moment, in dem man den Partner auf den Mond schießen möchte, weil er einen mit seinem Verhalten verrückt macht. Während wir bei Freunden, Bekannten und Kollegen durchaus hinnehmen, daß sie Charaktereigenschaften aufweisen, die uns nicht hundertprozentig passen, erwarten wir von unserem Mann eine Perfektion von zweihundert Prozent. Unrealistisch. Und denselben Anspruch stellt er an uns.

Als soziale Wesen innerhalb einer Gemeinschaft ordnen wir uns den gängigen Regeln und Konventionen unter. In der Beziehung jedoch entsteht eine Nähe und Intimität, die uns unsere gute Kinderstube vergessen läßt, wenn wir enttäuscht sind oder wütend werden. Wir haben unsere Grenzen und Schutzschilde so weit heruntergelassen, daß nicht nur positive Emotionen ungefiltert geäußert werden (öfter im Bett als in einer Lobeshymne auf den Geliebten), sondern auch negative Gefühle – wir explodieren. Unser Mann provoziert Gefühle in uns, die wir uns nie zugetraut hätten: alles umschlingende Geilheit, unbändige Wut, Hysterie, Zweifel, GROSSE Liebe, GROSSE Verzweiflung. Wir haben ihn so nah an uns herangelassen, daß er nicht nur die Macht besitzt, es uns gutgehen zu lassen, sondern auch so richtig schlecht und elend. Also geraten wir in Konflikte.

Falscher Ausdruck von Liebe: Eifersucht

»I don't want to know where he goes each night
when he leaves ... Make no mistake – he's mine!«
Barbra Streisand & Kim Carnes

Ich habe oft beobachtet, daß Konflikte aus der tiefsten Vergangenheit wiederauferstehen, sobald man in einer glücklichen Beziehung lebt. Unsere Seele scheint der Meinung zu sein, daß wir jetzt in der (stabilen) Lage sind, Probleme aufzuarbeiten, die seit Jahren oder Jahrzehnten im argen lagen. So sind wir plötzlich nicht mehr ewig-geile, strahlend-entzückende erotische Attraktionen, sondern Wesen mit dunkler Vergangenheit, mit Ängsten und Befürchtungen. Unserem Mann geht es nicht anders. Wir lernen nun die negativen Seiten des Partners und unsere Schmerzgrenzen kennen, bestenfalls diese neu zu definieren.

Daß wir nun jemanden haben, verleitet uns oft zu der Angst, diesen Menschen wieder zu verlieren. Eifersucht ist ein Ausdruck dieser Verlustangst. In der Regel ist sie unbegründet, und selbst wenn wir eine offene Beziehung leben, ist es doch so, daß unser Mann immer wieder zu uns zurückkommt. Eifersucht basiert auf nichts anderem als der Überzeugung, daß wir solch einen Partner nicht verdient haben. Warum sollte er bei uns bleiben und sich nicht mit dem nächstbesten auf und davon machen?! Wenn wir versuchen, ihn im Würgegriff unserer verunsicherten Liebe zu halten, könnte dies bald der Fall sein. Gegen die Eifersucht hilft, so wie gegen jedwede Angst, nur Vertrauen in uns selbst und unsere Qualitäten. Wir müssen lernen, die Zuneigung, die uns entgegengebracht wird, als berechtigt zu akzeptieren, statt immer wieder Gegenbeweise für ihre Existenz zu suchen.

Die meisten schwulen Konflikte ergeben sich aus der Situation, daß einer der beiden Partner Liebe einklagt, die zwar (wahrscheinlich) vorhanden ist, für die er aber nicht ausreichend Beweise sieht, oder nicht in einem Maße, wie er sich das wünschen würde. Er klammert sich an eine Traumprinzen-Liebe-Vorstellung und an sein geringes Selbstwertgefühl, das ihm vorgaukelt, der andere könne ihn gar nicht lieben. Schlimmstenfalls erzeugt er, mittels komplementärer Schismogenese, die spaltende Situation, die er befürchtet.

Treue

»Don't play with something you should cherish for life.«
Madonna

Eine Frage, die sich in den meisten schwulen Partnerschaften stellt, ist, ob man sich für eine offene Beziehung entscheidet oder strikt monogam lebt, was den meisten Männern, schon allein bedingt durch biologische Determination, sehr schwerfällt.

Tja, was soll man da für einen Rat geben? Die meisten Schwulen, die ich kenne, sagen nicht nein, wenn sich ihnen die Chance für schnellen, unkomplizierten Sex mit einem attraktiven Mann bietet. Als »Täter« hat man immer die Gewißheit, daß der Seiten-Sex die Beziehung nicht belastet, gleichzeitig fühlt sich der Partner oft erniedrigt und fürchtet um die Liebe zu seinem Mann. Dieses Buch richtet sich an den erwachsenen schwulen Mann, deshalb werde ich es mir über diesen einen Satz hinaus ersparen, auf das Risiko von Krätze, Hepatitis und HIV hinzuweisen. Es gilt, einen Weg zu finden, der für beide Partner akzeptabel ist. Wenn dieser Weg heißt, »was ich nicht weiß, macht mich nicht heiß«, dann sei es so. Wenn die Absprache entsprechend ist, sollte man sich aber auch daran halten und nicht mit Beichten herausplatzen, um vom anderen Absolution erteilt zu bekommen. *Take it or leave it!* Wenn der Wunsch nach »außerehelichem« Sex bei beiden Partnern vorhanden ist, sollte man Absprachen treffen, um nicht doch etwaige Tabugrenzen zu verletzen. »Nicht in der eigenen Wohnung« könnte so eine Absprache lauten, oder »nicht mit gemeinsamen Bekannten«. Oder vielleicht »nur zu dritt«.

Let's talk about Sex

»You know you're already my obsession –
stop using sex as a weapon!«
Pat Benatar

Frage: Warum halten Freundschaften häufig länger als Beziehungen? Antwort: Kein Sex. Obwohl der Grad an verbaler Intimität in Freundschaften oft viel höher ist als in einer Liebesbeziehung (mit wem bequatscht man denn letztlich, was einem in der Beziehung so alles aufstößt), gibt man sich in einer Freundschaft weniger preis als in einer Liebe. So blümchenhaft und »normal«, tagesgesprächsfähig und veronalustig Sex heutzutage in den Medien dargestellt wird, Sex und der Trieb, der ihm zugrunde liegt, sind eine radikalarchaische Anlage im Menschen, die zur Verniedlichung nicht taugt. Sex ist Lebensgrundlage. Ur. Die Tatsache, daß Sie diesen Satz lesen, begründet sich darauf, daß vor xy Jahren ein Mann und eine Frau Sex hatten. Nur Einzeller kommen ohne ihn aus. Die gehen dann auch zwangsläufig keine Beziehungen ein (was Freundschaften zwischen Einzellern angeht, bin ich nicht ausreichend informiert). Von unseren FreundInnen fühlen wir uns nicht sexuell angezogen; chemisch-biologisch betrachtet, halten wir sie für nicht besambar. Da dieser Trieb wegfällt, ist ein entspannter Umgang mit ihnen möglich.

So sehr man es uns glauben machen möchte: Sex an sich ist nicht entspannend und somit auch nicht mit einem (ich hasse dieses Wort) Hobby zu verwechseln. Jedenfalls nicht in erster Linie, Gott sei Dank! Sex ist Spannung – *excitement*, Anspannung, Loslassen und Wegtreiben. *Nach* dem Sex kommt es zur Entspannung. Der Akt an sich ist eine physisch-emotionale Konzentration, die Nähe und Grenzverletzung glorifiziert und zelebriert. Eine solche Nähe auf dieser Ebene zuzulassen bereitet mitunter auf anderen Ebenen Probleme. Sprich: Wir sind nicht rund um die Uhr Teil eines Wir und müssen uns durch Distanzierung wieder unseres Ichs gewiß werden. Wir haben uns unserem Partner über die Scham-, Anstands- und (mitunter) Schmerzgrenzen hinaus geöffnet, können aber nicht den ganzen Tag herumlaufen wie ein offenes Buch (oder eine offene Wunde).

Daß es schwierig ist, über Kommunikation zu kommunizieren, habe ich bereits erwähnt. Auch Sex ist Kommunikation – die Sprache der Liebe, des Begehrens, des Verlangens. Ein glückliches Sexleben ist eine solide Grundlage für eine Partnerschaft. Doch wie bei jeder Kommunikationsform kann es auch hier zu Mißverständnissen kommen. Es gilt das gleiche wie bei anderen Beziehungsproblemen: drüber reden im angemessenen Ton und möglichst, bevor es zu einem Mißverständnis kommen kann, am besten im Bett.

Wenn beide Partner unverklemmt über ihre sexuellen Vorlieben reden und solch ein Gespräch auch noch geil macht – wunderbar! Es ist sinnvoll, den anderen wissen zu lassen, was einem besonders gut getan hat: »Als du neulich …«

Sex ist archaisch, ultimativer Ausdruck von Intimität, fallenden Grenzen, Aufgabe von Distanz. Sex ist die Darbietung und Offenlegung einer Seite, die sonst im verborgenen ruht: der Trieb, die Artikulation von Lust. Ein intensives Gefühl, ein essentieller Bestandteil der Liebe. Schmelz …

Lust und Unlust

»Ba ba da ba ba ba I've been told you're to have not to hold,
to look but not to see, to kiss,
but never be the object of your desire,
I'm walking on a wire.«
Madonna

Da wir nicht in einem Porno leben, kommt es in Beziehungen auch durchaus zu sexuellen Krisensituationen. Wenn ein Partner keine Lust hat, fühlt sich der andere unbegehrt, zurückgewiesen. Im Gespräch mit einer Freundin kamen wir zu dem Schluß, daß es uns persönlich besser tut, dann und wann auf eine sexuelle Anmache einzugehen, auch wenn wir gerade nicht in Stimmung sind, als unseren Boyfriend zurückzuweisen. Weil wir beide es als absolut degradierend empfunden haben, zurückgewiesen zu werden. Wenn der Mann gut ist, bringt er einen in Stimmung. Es ist nicht so, daß wir uns durch solches Verhalten emotional vergewaltigen – der Appetit kommt bekanntlich beim Essen.

Das Thema der sexuellen Zurückweisung wird selten diskutiert, weil es gegen das klassische Bild vom Schwulen verstößt, von dem die Szene selbst gemeinhin das Bild entwirft, er sei ein megapotentes Sextier. Man kommt sich schrecklich vor, wenn man zugibt, daß der eigene Mann einen nicht immer will. Kaum daß ich einmal davon geredet hatte, daß es in meiner damaligen Beziehung dieses Problem gab, löste ich einen wahren Schneeballeffekt aus, und viele Freunde (und Freundinnen) überraschten mich damit, daß es ihnen nicht anders geht. Sexuelle Attraktivität ist ein hohes Ideal, und das Gefühl vermittelt zu bekommen, man sei sexuell nicht attraktiv, kann schwer verunsichern.

Wenn der Appetit ausbleibt, kann das ein Zeichen dafür sein, daß der Partner ein wenig Distanz braucht, weil es ihm zu eng wird. Oder daß der Sex langweilig geworden ist. Oder daß er sich unwohl fühlt, weil er Blähungen hat. Ein offenes Aussprechen seiner Gründe sollte man von ihm erwarten können. Kann er nur schwer Gefühle ausdrücken, ist es unwahrscheinlich, daß er über seine sexuelle Unlust reden möchte. Entweder man sorgt durch neue Strategien dafür, daß er wieder Lust bekommt, oder man akzeptiert die Zurückweisung (und läßt ihn allein schlafen, während man sich um sich selber kümmert).

Manche Männer, es sind jedoch nicht viele, brauchen das Gefühl, wieder eine »Sehnsucht« zu entwickeln. Für sie ist es erforderlich, eine Weile lang enthaltsam zu sein, um wieder geil zu werden. Ich kann diesen Typus ehrlich gesagt nicht ausstehen, weil die Einstellung zur Folge hat, daß man zusehen muß, was man mit seiner Geilheit macht. Ich kann nur empfehlen, derart phänomenalen Sex mit diesen Jungs zu machen, daß sie sich stündlich nach einem verzehren. Oder zu akzeptieren, daß es ist, wie es ist, und sich einen Zweit-Lover zuzulegen. Daß in einem Liebhaber die heiße Sehnsucht verglüht, wenn er seinen Mann Tag für Tag, Nacht für Nacht haben kann, ist normal. Wenn das allerdings bereits nach wenigen Wochen oder Monaten der Fall ist, dann stimmt meist etwas mit dem Sex nicht. Es gilt, neue Wege zu beschreiten, andere Dinge auszuprobieren, denn es wäre wohl mehr als schade, diese wichtige Form der Kommunikation veröden zu lassen.

So plakativ wir Schwulen mit Sex und Sexualität umgehen: Sich einer Liebesbeziehung völlig hinzugeben kann Schwierigkeiten bereiten. Wir haben Angst, den anderen zu verlieren, wenn der Sex nicht Porno-Niveau hat. Und manche Männer legen tatsächlich diesen Standard an; sie übersehen, daß ein Porno nicht nur Fiktion ist, sondern Fiktion auf höchst absurdem Niveau. Ich habe mich kürzlich mit Désirée Nick unterhalten, und wir sind zu dem Schluß gekommen, daß Pornos etwas mit Horrorfilmen gemein haben: Beide richten sich an Urinstinkte und bilden ab, was in der Realität nicht existiert: Horror appelliert an unsere Ängste und ermöglicht uns, spielerisch damit umzugehen. Porno appelliert an unseren Trieb und ermöglicht uns, uns einen runterzuholen – also ebenfalls spielerisch mit dem Sextrieb umzugehen. Porno und Leben stehen in ungefähr dem gleichen Verhältnis wie ›Wir Kinder von Bullerbü‹ zu einem Kreuzberger Hauptschulhof respektive umgekehrt.

Schwuler Sex außerhalb von Beziehungen findet oft auf einem fiktiven Level statt. Hätte ich mir die Adjektivwahl verkneifen sollen? Sex mit Unbekannten erweckt den Anschein, Sex ohne Konsequenzen zu sein. Wir müssen die Leute nicht wiedersehen, sie sind da, um für eine gewisse Zeit unser Bedürfnis zu befriedigen, und dann wieder verschwunden. Easy. Solange wir safe bleiben und unsere Hepatitis-Impfungen haben, funktioniert das wunderbar. Wenn wir uns aber auf einen Partner einlassen, dann gehen wir nicht mit einem Fick ins Bett, sondern mit einem Menschen, den wir lieben und – vor allem – von dem wir geliebt werden wollen. Die Fiktion ist futsch, wir sind wieder in einer Situation, die wir schlimmstenfalls als Druck erleben können. Unter diesem Druck fühlen wir uns oft nicht wohl.

Keine Beziehung funktioniert rundum befriedigend, jede unterscheidet sich in der Gewichtung der einzelnen Faktoren des Miteinander. Ein Lover mag besonders geil im Bett sein, aber ein Gespräch über Kultur ist mit ihm nicht so ersprießlich, und beim Tanzen sieht er aus wie ein Gummiball. Dafür küßt er wie ein Gott und hat die Gabe, einen zu etwas Verrücktem zu motivieren, wenn man gerade nur schlaff auf dem Sofa liegen wollte. Wenn wir diverse Mängel bemäkeln und Mankos beklagen, sollten wir diese positiven Eigenschaften nicht aus den Augen lassen. Und daran denken, daß alles immer besser werden kann.

Wenn Sex zur Routine geworden ist, gibt es Mittel und Wege, wieder Pep in die Sache zu bringen. Ich maße mir nicht an zu empfehlen, wie man sexuell kommuniziert. Genauso, wie wir alle eine individuelle Sprache sprechen, äußern wir uns sexuell auf die uns eigene Art und Weise, die mit der Evolution unseres Selbstwertgefühls einhergeht.

Es gehen nie nur zwei Leute allein ins Bett, sondern zwei Menschen mit Geschichte, Vergangenheit, Sicher- und Unsicherheiten. Je höher der eigene Selbstwert, desto unbefangener können wir Sex in der Beziehung leben. Sex mit häufig wechselnden Partnern ist die einfachere Aufgabenstellung, da wir uns hier nicht in einem Maße als komplexer Mensch einbringen, sondern nur als sexuelles Wesen. Die Intimität beschränkt sich hier auf eine Stunde, eine Nacht oder zwei. Erst wenn aus einer Fickbeziehung eine Partnerschaft wird, geraten wir in den Beziehungsstrudel, verlassen den Porno-Bereich und landen in der *daily soap.*

Das Thema würde den Rahmen dieses Buches sprengen, also spare ich mir Sextips an dieser Stelle. Ich hatte noch nie einen guten Liebhaber, der seine Finessen aus Büchern gelernt hat. Wohl aber Männer, bei denen klar war, daß sie einer bestimmten Choreographie folgen, die nicht rein instinktiv ist.

Ich könnte Ihnen jetzt Tips geben, wie sehr man beim Blasen saugen muß, in welchem Tempo man am Schwanz hoch- und runtergeht, was man währenddessen mit Händen und sonstigen Körperteilen macht – und Sie landen dann mit einem Mann im Bett, der auf ein anderes Tempo und eine andere Saugintensität steht. Sex wird gut, wenn man neugierig (wie überhaupt gierig) auf den Körper des anderen ist. Wenn man den eigenen Körper einbringt, um den des anderen zu erforschen. Wenn der Kopf keine oder nur noch eine untergeordnete Rolle spielt (»Sehen Sie heute den Kopf in der Rolle des Geschlechtsorgans!«). Wenn man vergißt, was sich »gehört« und diese Haltung vom Partner unterstützt wird. Nur eine Empfehlung möchte ich geben, und zwar nicht zum Wie, sondern zum Wo (falls Sie noch nicht von selber drauf gekommen sind): Befreien Sie den Sex aus dem Schlafzimmer. Ihre Wohnung hat vermutlich mehr Zimmer als dieses eine, und die Welt steht Ihnen offen.

Streitkultur ist auch Kultur

»I'm not your bitch, don't hang your shit on me!«
Madonna

Der Partnertherapeut Rik Isensee hat in seinem Buch ›Männer lieben Männer‹ diverse Konventionen für Konfliktgespräche vorgeschlagen. Viele seiner Punkte sind es wert, berücksichtigt zu werden. Ich habe mir erlaubt, seine Vorschläge etwas aufzustocken.

Es ist ein Balanceakt, aus einem Streit, einer Auseinandersetzung, einer Beziehungsdebatte kein Therapiegespräch werden zu lassen. Nichtdestotrotz erscheint es mir konstruktiver, zu reden und zuzuhören, als eine Beziehung wegen Anhäufungen von Kleinigkeiten den Bach runtergehen zu lassen. Deshalb sollte mann einige der folgenden Anregungen beherzigen.

- Wichtiger noch als im normalen Gespräch ist es im Streitgespräch, den anderen ausreden zu lassen und zuzuhören, ohne ihn zu unterbrechen. Erstens, damit wir seinen Vorwurf begreifen und entsprechend darauf reagieren können, und zweitens, um nicht gleich den Eindruck zu erwecken, sein Standpunkt sei es nicht wert, vorgebracht zu werden.
- Bevor wir spontan reagieren, sollten wir den Vorwurf reflektieren und gegebenenfalls in unseren eigenen Worten

nachformulieren, um sicherzugehen, daß wir ihn richtig verstanden haben.

- Man kann Kritik üben, ohne persönlich zu werden. »Du bist so eine Sau ...« ist ein anderer Einstieg als: »Ich fühle mich so und so, wenn du das und das tust.«
- Wir müssen uns vorstellen, wie wir uns fühlen würden, wenn wir in der Situation wären, die für unseren Mann Grund für den Konflikt ist. Meist lindert das die Aggression, die wir verspüren, wenn uns jemand einen Vorwurf macht.
- Wir müssen hinterfragen, was der Grund für unsere Aggression ist und welche Gefühle der andere in uns auslöst.
- Unsere Repliken sollten nicht das Verhalten des anderen interpretieren oder analysieren, sondern Ausdruck dessen sein, was wir in bezug auf die Situation oder den Vorwurf fühlen. Anstatt zu unterstellen »Das sagst du doch jetzt nur, weil ...«, sollten wir unser eigenes Gefühl formulieren.
- Wir haben einen Konflikt zu *einem* bestimmten Thema. Es ist jetzt nicht die Zeit, alles aufzutischen, was uns in den letzten Wochen und Monaten an unserem Mann genervt hat. Wenn das Bedürfnis da ist, die komplette Litanei herunterzubeten, sollten wir uns erst fragen, warum wir uns in den betreffenden Situationen nicht gleich gemeldet haben.
- Keine Schuldzuweisungen oder bitchigen Kommentare!
- Die Schwachpunkte des Partners sind tabu. Was du nicht willst, das man dir tu ...
- Die ablehnende Haltung Ihres Mannes sollte Anlaß für Sie sein, zuzuhören und sich auf sein Problem und seine Sichtweise der Dinge zu konzentrieren. Nehmen Sie sich zurück und geben Sie ihm das Gefühl, daß Sie seinen Standpunkt ernst nehmen. Und nehmen Sie ihn gefälligst auch ernst! Wer weiß, vielleicht hat diesmal ja er recht.
- Er ist unzufrieden und äußert seine Unzufriedenheit, um etwas an Ihrer Beziehung zu verbessern. Behalten Sie das im Hinterkopf!

• Seien Sie wirklich vorsichtig mit Ausdrücken wie »Du machst mich krank« – die wirken autosuggestiv! In extremen Situationen bin ich dazu übergegangen, »ICH KENNE MICH NICHT WIEDER« zu brüllen. Das traf den Sachverhalt genauer, wenn ich mir auf einmal vorkam wie bei einem Familienkrach im Hause Taylor/Burton. Es stimmte. Das waren in diesem Fall wirklich horizonterweiternde Auseinandersetzungen, auf die ich jetzt gerne zurückblicke, weil sie mir gezeigt haben, zu was für einer Wut ich fähig bin. Eine solche Energie hätte ich mir nie zugetraut, und dem Mann, der diese Wut ausgelöst hat, gebührt ein dreifaches Hurra dafür, mich weit über meine Grenzen hinausgeführt zu haben. Wenn solche Grenzen fallen, wird die Welt um einen freier.

Mehr Empathie!

»Love is understanding – it's hard to believe,
life can be so demanding …«
Madonna

Den Begriff Sympathie zu erklären ist überflüssig. Jeder weiß, was das ist, jeder verspürt sie (hoffentlich) häufig. Ein Mensch ist einem sympathisch, weil er oder sie die unterschiedlichsten positiven Reaktionen in uns auslöst. Ihr Mann ist Ihnen sicherlich sympathisch. Oder war es, bis er anfing, etwas an Ihnen oder Ihrer gemeinsamen Beziehung zu kritisieren.

Der Begriff Empathie ist weniger geläufig, denn Empathie wird viel, viel seltener praktiziert als Sympathie empfunden. Sympathie ist eine spontane Reaktion, Empathie eine Einstellung, die man entweder hat und kultiviert oder die man sich antrainieren sollte, wenn einem daran gelegen ist, eine Beziehung aufrechtzuerhalten. Übersetzt man den Begriff ins Deutsche, könnte man sich mit dem etwas einseitigen Wort »Mitgefühl« zufriedengeben, das sich so seltsam herablassend anhört. Mit Mitgefühl betrachtet man einen Bericht im Fernsehen oder hört sich eine traurige Erzählung an. Empathie aber bedeutet vielmehr eine wunderbare Gabe: die des Einfühlungsvermögens, der Fähigkeit also, die Beweggründe des anderen erkennen zu wollen, zu achten und zu berücksichtigen; das Talent, seine Gedankengänge nachvollziehen zu können, für seine Denkart und seine Eigenarten ein Gespür zu entwickeln. Es ist viel leichter, die Kritik des anderen zu akzeptieren, wenn man weiß, in welcher seiner Anlagen, seiner Wünsche oder Ängste sie ihren Ursprung hat.

Wer die Erwartung hat, der Partner möge auf die eigenen Bedürfnisse eingehen, verfügt nur über ein einziges Mittel, dieses Ziel zu erreichen: seine Bedürfnisse zu äußern (oder seinerseits ein Höchstmaß an Empathie vorauszusetzen). Von besonderer Wichtigkeit ist, dem Partner das gleiche Recht einzuräumen.

Nach meiner letzten Beziehung machte mir mein Ex den Vorwurf, daß es in unseren Gesprächen und Auseinandersetzungen im Grunde immer nur um *meine* Bedürfnisse gegangen sei. Daraufhin warf ich ihm vor, er habe seine Wünsche nie ausgesprochen. Er insistierte, daß das sehr wohl der Fall gewesen wäre, allerdings nie durch offenes Aussprechen, sondern grundsätzlich nur durch die Negierung meiner Bedürfnisse.

Mittlerweile weiß ich, daß man sich nach Wünschen und Bedürfnissen besser erkundigt, ehe man sich vorwerfen lassen muß, man habe sich nie für den Mann interessiert, und daß man im gleichen Maß seine Wünsche ausdrückt und nicht erwartet, daß der Partner sie aus dem Teesatz liest. Wer verstanden werden will, muß sich verständlich machen.

Auch in bezug auf Bedürfnisse ist es selten richtig, sich selbst als Maßstab zu nehmen. Angesichts der Tatsache, daß die meisten Männer ungern über ihre Gefühle oder ihre

Wünsche reden, sollten wir dafür sorgen, sie trotzdem in Erfahrung zu bringen. Daß man sich streitet, heißt nicht, daß man sich haßt. Streit bedeutet, daß man Intimität zugelassen, daß man Schutzschilde heruntergelassen hat und verletzt wurde. Ich habe die Erfahrung gemacht, je größer die Liebe, desto heftiger die Streits. (Wenn Ihre Beziehung lockerflockig-harmonisch vor sich hinplätschert, machen Sie entweder etwas sehr, sehr richtig, oder es stimmt etwas überhaupt nicht.)

Das Ausmaß, in dem wir auf einen Vorwurf oder eine Absage reagieren, spiegelt oft die Größe der Enttäuschung, die wir verspüren. Die Enttäuschung ist dann am größten, wenn wir von einem Menschen das meiste erwarten – mehr als von allen anderen. Daß man laut wird, sich anbrüllt und gegebenenfalls noch ein Entertainment-Programm für die Nachbarschaft oder Mitreisende in der U-Bahn bietet, ist weitaus besser, als sich trotzig dem Konflikt zu entziehen und den anderen mit seiner Frustration allein zu lassen. Denn das gebiert Mißgunst.

Leider habe ich vergessen, wo ich es gelesen habe, aber es muß eine Theaterschauspielerin gewesen sein, die gesagt hat, ihre Liebe habe gehalten, weil sie jeden Streit mit ihrem Mann vor dem Zubettgehen bereinigt habe. Das ist sicherlich in der Praxis schwer durchzuziehen, aber man sollte es als Ideal im Hinterkopf behalten. Es ist wichtig, der Wut Ausdruck zu verleihen, aber genauso wichtig, sie verpuffen zu lassen, zu verzeihen oder eine Entschuldigung akzeptieren zu können.

Umgangsformen

»So you feel misunderstood, Baby have I got news for you:
on being used I could write the book –
you don't wanna hear about it.«
Cher

Diverse Taktiken ermöglichen es Ihnen, innerhalb der Beziehung die Grundlage für ein besseres Verständnis zu legen. Das Kommunikationskapitel hat Ihnen gezeigt, welches die Mechanismen sind, die dafür sorgen, daß wir uns verstehen oder es zu einem Mißverständnis, einer Kommunikationsstörung kommt. Die besten und hilfreichsten Taktiken für ein harmonisches (und langfristiges) Miteinander habe ich gesammelt und möchte sie Ihnen nun präsentieren.

Seien Sie offen, was Ihre Gefühle angeht! Lassen Sie es nicht dazu kommen, daß – bedingt durch einen Emotionsstau – Ihre Gefühle umschlagen und sich erst dann Bahn brechen, wenn Sie bereits frustriert und genervt sind.

Vergessen Sie über Ihre eigenen Bedürfnisse und Befindlichkeiten nicht die Ihres Partners! Wenn er nicht von selber darüber spricht, fragen Sie ihn. Sind Sie unsicher, was er in einer bestimmten Situation will oder nicht will, klären Sie es. Wenn er Sie nicht fragt, verzweifeln Sie nicht, und sprechen Sie trotzdem – es könnte ein Fall von »Erst ich, dann du«-Sprachmuster sein und kein mangelndes Interesse seinerseits.

Hören Sie zu! Wenn Ihr Mann jammert, weil es in seinem Job nicht klappt oder er ein Problem mit seiner Mutter hat, dann muß das Aussprechen dieser Tatsachen keineswegs als Einladung für Sie gedacht sein, durch konstruktive Analyse das Problem zu beheben. Wenn Sie permanent für alles eine Antwort oder einen Lösungsvorschlag haben, können Sie ihm tierisch auf den Geist gehen. Sie könnten ihm den Eindruck vermitteln, daß er sein Leben nicht im Griff hat. Vielleicht will er nur im Arm gehalten werden. Klagen sind häufig so etwas wie seelische Fürze. Und ein Furz ist kein Grund, zum Arzt zu rennen.

Machen Sie wohldosiert Komplimente! Loben Sie ihn, wenn er etwas getan hat, was Sie schätzen. »Du bist so süß« finde ich persönlich ziemlich platt. Noch schlimmer: »Du hast so schöne Augen« – das ist so beliebig, daß es weh tut. Wie oft haben Sie selber das schon gehört? Sehen Sie! »Als du grad so geguckt hast – das ging mir durch und durch« drückt viel mehr aus.

Vorsicht mit grundsätzlichem Widerspruch! Wenn Sie zu den Menschen zählen, die auf jede Feststellung erst mal mit einer Gegenposition reagieren, bitte bremsen Sie sich, da Sie sonst den Eindruck von Fundamentalopposition erwecken. Das Analysieren erhebt sie hierarchisch über Ihren Partner, auch wenn Sie sich ihm noch so verbunden fühlen. Ein Statement erst einmal zu bejahen kann ein völlig neues Gefühl sein. In diesem Zusammenhang steht das Beispiel mit dem »Findest du nicht?«. Seien Sie nicht so schismogen!

Wenn Sie sich mal langweilen, dann denken Sie nicht, das sei das Ende der Beziehung. Überlegen Sie gemeinsam, wie man Abhilfe schaffen kann, und planen Sie öfters etwas Neues, Spannendes. Versauern Sie nicht auf dem Sofa im Streit um das letzte Bier.

Die Annahme, daß ein Problem verschwindet, wenn man ein paar Tage Gras drüber wachsen läßt, ist falsch, falsch, falsch. Sprechen Sie sofort darüber, oder zeigen Sie sich zumindest gewillt, das Problem noch einmal anzugehen, wenn die Gemüter sich abgekühlt haben. Sie sollten so selten wie möglich im Streit auseinandergehen.

Regeln sind dazu da, über den Haufen geworfen zu werden. Halten Sie nicht an überholten Einstellungen fest, jeder hat das Recht, sich umzuentscheiden, zu wachsen und sich zu erneuern. Wenn Sie früher kategorisch abgelehnt haben, mit einem Partner in Urlaub zu fahren, Sie aber plötzlich dieses Bedürfnis verspüren, dann erlauben Sie sich den Luxus und folgen Ihrem Instinkt. Wenn Sie sich in der Partnerschaft entwickeln, können Sie nur lernen. Auf der anderen Seite: Lassen Sie sich nicht umkrempeln. Ihre Beziehung ist nicht ›My fair Lady‹. Tja, es ist eine Gratwanderung, aber wer hat gesagt, daß es einfach sein würde?!

Wenn Sie einen Wunsch haben, drücken Sie ihn klar aus. Indirektheit mag elegant und höflich sein, aber wenn Ihr Mann die Metamitteilungen Ihrer Botschaft nicht empfängt, führt das nur dazu, daß Sie ständig frustriert sind. Wenn Sie essen gehen möchten, fragen Sie nicht, ob er hungrig ist, sondern sagen Sie, was Sie wirklich wollen.

Haben Sie Spaß miteinander, finden Sie Ihren gemeinsamen Humor. Machen Sie Quatsch und lassen Sie zusammen den kleinen Jungen in sich wiederauferstehen. Nicht immer. Aber des öfteren.

Zwischenbemerkung: Rollenmodelle

Eingangs habe ich bereits den Begriff *camp* erwähnt, über den sicherlich unzählige Magisterarbeiten geschrieben worden sind. Ich versuche, *camp* in einem Satz zu definieren: Bevor schwule Fragen in der Kultur des 20. Jahrhunderts offen thematisiert werden konnten, mangelte es dem schwulen Konsumenten an Leitbildern und Rollenmodellen, was dazu führte, daß für deren Blick heterosexuelle Filme unterschwellig schwule Inhalte transportierten. Es gibt Filme und Stars, die bei Schwulen besonders beliebt sind, als auch solche, die an die schwule Ästhetik appellieren – ob der Appell beabsichtigt war, ist eine andere Frage und tut letztlich nichts zur Sache.

Das berühmteste Beispiel: ›Das zauberhafte Land‹ (Der Zauberer von Oz). Ich erinnere mich, daß mich der Film als Kind unglaublich faszinierte und ich mir diese Faszination erst Jahre später erklären konnte. In den Staaten ist er Kult und Judy Garlands Song ›Somewhere over the Rainbow‹ eine der ersten schwulen Hymnen dieses Jahrhunderts. Die Sehnsucht, an einen Ort zu gelangen, der phantastisch bunt ist und von skurrilen Wesen bevölkert, ist Metapher für die Sehnsucht nach einem aufregenden schwulen Leben. Die Suche nach dem wirklichen »Zuhause«, die Sinnsuche der vier Protagonisten – all das steht für das Streben nach einer Selbstdefinition.

Die Legende sagt, daß Stonewall, die erste große Rebellion der Schwulen gegen das Establishment, in direktem Zusammenhang mit Judy Garlands Ableben stand. Die Razzia, die Anlaß zum ersten schwulen Krawall gab, fand am Tag von Judys Beerdigung statt, und die Männer, die sich gegen die Autorität (in Form homophober Polizisten) erstmals aggressiv zur Wehr setzten, waren nicht zuletzt deshalb so wütend, weil jemand es wagte, die Trauer um Amerikas wohl größte schwule Ikone zu stören. Das war der Moment, in dem die schwule Szene sich auf die Yellow Brick Road begab. Kleiner Exkurs zum Thema *camp*.

Manche Filme, Schauspieler, Sänger lieben und verehren wir besonders, weil wir uns in ihnen wiederfinden und sie zum Teil gezielt mit unseren Sehnsüchten und Wünschen spielen. Es ist immer gut, ein paar Rollenbilder zu haben, an denen man sich orientiert. Daß viele dieser Vorbilder weiblich sind, hat weniger damit zu tun, daß es keine männlichen gibt, sondern eher damit, daß Ikonen keine Wichsvorlagen sind, sondern Wege symbolisieren, die wir in ähnlicher Form selbst beschreiten. Sie repräsentieren Themen, die wir in unserem Alltag selbst erleben: sei es, in einer patriarchalisch strukturierten Welt Karriere zu machen, sei es, Männer zu lieben.

Im folgenden meine Hitliste internationaler schwuler Ikonen. Ganz oben: Judy Garland. Ihr Kulturbeitrag war jenseits ihres speziellen Drahts zur schwulen Szene weitaus größer. Sie konnte singen »The night is bitter, the stars have lost their glitter. The man that won you has run off and undone you …«, daß man Tränen heulte, selbst wenn man gerade glücklich verliebt war. Wir alle kennen diese Situation, und der Song ›The Man that got away‹ ist vielleicht die treffendste musikalische Zustandsbeschreibung des Themas Sitzengelassenwordensein. Judys Gesang ist so echt, so emotional, daß es einem das Herz erst nicht nur öffnet, dann bricht, sondern auch wieder kittet, wenn sie mit der gleichen Inbrunst singt: »Forget your troubles, come on get happy – you better chase all those cares away.«

Madonna hat nie einen Hehl daraus gemacht, daß sie mit schwulen Männern mehr anfangen kann als mit Heten. Madonnas Songs sind die Soundtracks unseres Lebens geworden. Mit den einfachsten Vokabeln vermittelt sie treffsicher und philosophisch die Gefühle von Lieben und (Nicht-) Geliebtwerden, von Nähe und Distanz. Es ist vergnüglich, Madonnas Imagewechsel zu beobachten und sich von ihr inspirieren zu lassen. Die CDs ›Like a prayer‹ und ›Ray of Light‹ gehören in jedes schwule CD-Regal. Besonders ›Ray of Light‹ faßt wirklich alles zusammen, was man zum Thema Beziehung sagen kann: von der großen, allumschlingenden wahren Liebe (Nothing really matters) über Streß in der Liebe (Frozen, To have and not to hold), das Ende (The Power of Goodbye) bis zum Neuanfang (Ray of Light, Drowned World – Substitute for Love).

Wenn es in diesem Jahrhundert eine Kulturheldin gibt, dann sie, die den Weg von der pummeligen Tänzerin zur berühmtesten und irgendwie auch schönsten Frau der Welt geschafft hat. Hießen ihre ersten Songs noch ›Shoobeedoo‹ und ›Holiday‹, so hat sie mittlerweile einen Grad an Spiritualität erreicht, der es ihr ermöglichte, ein Lied in Sanskrit zu verfassen. Madonna wird *nicht* in einem Londoner Hotelbadezimmer an einer Überdosis sterben, sie wird uns noch ganz, ganz lange erhalten bleiben!

Cher. Cher ist das Gesicht der Ewigkeit, die Nofretete der plastischen Chirurgie. Cher ist die Stimme der Rache: »Save up all your tears, you might need them some day, when those tears start to fall – I won't wipe them away. Do you believe in life after love – I really don't think you're strong enough … But I'm strong enough to live without you!« Sie hat zwar einen entsetzlichen Perücken- und Klamottengeschmack, aber macht diese Minuspunkte durch ihre lesbische Tochter Chastity (zu deutsch »Keuschheit«) und natürlich das Video zu ›If I could turn back time‹ wieder wett – endlich mal ein Lied ohne Rache-Thematik, und prompt spielt es auf einem Kriegsschiff (!), auf dem Cher in einem lächerlichen Strumpfhosenkostüm vor einer Armee lüsterner Matrosen den Körper zur Musik bewegt!

Bevor es Cher gab, war da Bette Davis. Sie hat zwar nur eine einzige Platte eingespielt (Kult!), aber ihre Verdienste als Rächerin im amerikanischen Film sind unerreicht. Keine Schauspielerin sah je besser aus, wenn sie schlecht aussah (schlechte Perücken scheinen ein Markenzeichen der Rachegöttinnen zu sein). Doch bevor sie mit dem Zweithaar begann, spielte sie *die* Rolle schlechthin: Margo Channing in ›All about Eve‹. Eine Schauspielerin, die in die Jahre kommt und um ihren Mann fürchtet, während sich eine jung-attraktive Dame in ihr Leben schleicht, um die Star-Connection für die eigene Karriere zu mißbrauchen. Der beste Film aller Zeiten, in dem eine andere Ikone einen ihrer ersten Auftritte hat, und zwar Marilyn Monroe, deren Scheitern am Leben und an den Männern nicht nur zum Mitleid auffordert, sondern auch zum Selbstmitleid einlädt.

In Deutschland eher unbekannt, ist Joan Rivers eine amerikanische Stand-Up-Comedienne, die in ihrem Humor so skrupellos und brutal ist, daß jede Tunte vor Neid erblaßt und vor Scham rot wird. Nicht nur füllt sie die Säle in Las Vegas, sie schreibt Bücher, spielt in Filmen, ist Talk-Show-Moderatorin und verkauft selbstdesignten Schmuck bei QVC. Von ihr habe ich mein Credo »Get on with it«. Ihr zweites Lebensmotto: »Iß nichts, was du auf dem Bürgersteig gefunden hast.«

Joanna Lumley und Jennifer Saunders (Patsy Stone und Edina Monsoon) sind mit zwei Worten zu beschreiben: ›Absolutely Fabulous‹. Genauso heißt auch die BBC-Comedy-Serie, die in jedem schwulen Buchladen als Kaufvideo zu haben ist (für alle, denen Bette Midlers Humor zu zaghaft ist).

Ferner liefen Barbra Streisand, Marlene Dietrich, Bette Midler, Romy Schneider, Greta Garbo, Liz Taylor. Auch Deutschland hat etwas zu bieten: Hildegard Knef, Zarah Leander, Georgette Dee, Cora Frost, Désirée Nick, Lilo Wanders, Senta Berger.

For Specialists: Marianne Faithfull, Ingrid Caven, Gloria Swanson.

Die Ikonen, die ich oben aufgeführt habe, sind kulturelle Persönlichkeiten, die den meisten von uns gefallen. Im wahren Leben ist es oft hilfreich, den einen oder anderen Spruch, eine Textzeile, eine Biographie im Hinterkopf zu haben. Stars sind in ihrer Vorbildfunktion gottähnlich, und da wir nicht immer unsere Bibel zur Hand haben, ist es doch immerhin schön, einen spirituell bedeutungsvollen Satz wie Madonnas »Life is a mystery, everyone must stand alone, I hear you call my name and it feels like home« parat zu haben.

Im letzten Kapitel dieses Buches wird noch einmal von Rollenbildern die Rede sein, wenn es darum geht, sich aus einer Krise herauszuwinden. Bitte verbannen Sie dann die Romy-Schneider-Filme aus ihrem Videoregal, und sortieren Sie auch die Faithfull-CDs aus! Rollenbilder in einem solchen Fall können auch Menschen sein, die Sie kennen, oder jemand, den Sie bei Bärbel Schäfer sehen. Ich bin zu einem großen Fan der *Daily Talk-Show* geworden, weil sie uns die Möglichkeit gibt, über das Betrachten der Probleme anderer unsere eigenen Miseren zu relativieren.

Liebeskranker an Liebeskranke

Bevor es im nächsten Kapitel um den unangenehmen Aspekt Trennung geht, möchte ich an dieser Stelle den Ton wechseln und den Brief eines (seinerzeit) Liebeskranken an eine (ihrerzeit) Liebeskranke wiedergeben, in dem viele der Aspekte, die in den vorhergehenden Kapiteln Erwähnung fanden, noch einmal ausgedrückt werden.

Berlin, den …
Liebe …
ich hoffe, Deine Reise ist noch unter einen guten Stern geraten. Unser Gespräch über Beziehung hat mich sehr verfolgt. Wenn Menschen wie wir mit unseren Luftballonherzen sich auf andere einlassen, dann ist der Eindruck, das Herz des anderen sei nur erbsengroß, zwangsläufig. Man muß dem anderen gar nicht verbal mitteilen, wie sehr man Liebe braucht – das vermittelt sich durch unser zur Schau getragenes Leid (und ich meine jetzt gar nicht in der künstlerischen Erhöhung, sondern in der tagtäglichen Erniedrigung). Wir klagen ein, was eigentlich organisch fließen sollte – was aber nur selten wirklich der Fall ist. Leider kann man dem anderen nicht vermitteln, wie sehr man eine Bestätigung braucht, weil er eine andere Sprache spricht (und diese vielleicht nicht einmal besonders gut). Wir deuten auch Zeichen unterschiedlich. Wenn er den Fernseher angemacht hat, war das für mich ein Zeichen, daß er nicht mit mir kommunizieren wollte. Dabei wollte er einfach die Tagesschau gucken. Natürlich halte ich mich nach wie vor für wichtiger als die Tagesschau und würde jederzeit darauf verzichten, wenn er bei mir ist – aber letztlich habe ich wegen fünfzehn Minuten Jens Riewa (!) einen Streit vom Zaun gebrochen, der eine Woche dauerte.

Versucht man sich auszudrücken, macht man dem anderen angst – weil man ihm sagt, daß er nicht genug hat, nicht genug gibt, nicht genug ist. Das ist schon fast eine Beleidigung, und es überrascht mich nicht, wenn sich die Jungs unter diesen Voraussetzungen abwenden und flüchten, sei es durch eine Zeit allein, sei es durch eine Affäre. Sie geben uns nicht die Wärme und Verläßlichkeit, und wir reagieren mit kalter Analyse und Drohgebärde. Die Frage ist, was tut uns mehr weh: allein zu sein oder vom anderen nicht verstanden zu werden?

Ich bin lieber in einer Beziehung – sei sie noch so komplex – als allein. Beziehungsarbeit heißt nicht immer, die Sachen auszusprechen, den anderen zu konfrontieren und unter Druck zu setzen, sondern auch, die eigenen Bedürfnisse und Erwartungen zu hinterfragen. Die Defizite liegen bei uns letztlich in dem Mangel, die Liebe der Eltern erfahren zu haben. Vielleicht haben wir selbst damals schon zuviel gewollt – die Tatsache, daß wir uns eigentlich im anderen Geschlecht sozialisiert haben, hat vorprogrammiert, daß unsere Eltern uns nicht begriffen haben und wir dieses als Lieblosigkeit oder sogar als Antipathie mißdeutet haben. Daß wir den Eltern verziehen haben, ist zwar edel von uns, aber dieses Defizit, mit dem wir jahrzehntelang gelebt haben, läßt sich nicht durch eine Geste wegbügeln. Wir sind immer noch in uns gefangen – treiben Nabelschau bis zum Exzeß. Das kann eine gute Voraussetzung für Kunst sein, aber für das Leben ist es hinderlich, weil man sich die Möglichkeit verbaut zu empfangen. In den besten Momenten meiner Beziehung habe ich mich anders gespürt – in Ekstase und nicht in Kontemplation. Und in den guten Momenten habe ich ihn gespürt und mich (mein altes Ich) dabei fast vergessen.

Wenn man versucht, die Menschen zu verändern, kann es passieren, daß sie die Flucht ergreifen. Man muß für sich selbst entscheiden, inwiefern man unter den gegebenen

Voraussetzungen von der Beziehung profitieren kann. Wenn es gelingt, den Druck und die Erwartung herabzuschrauben, kann es durchaus vorkommen, daß der andere auf einmal eine Rolle übernimmt, die er sich gar nicht zugetraut hätte. Letztlich erzeugt gerade in diesen Flüchtenden die Demonstration von Selbständigkeit und Unabhängigkeit eine Art Stolz und – Beschützerinstinkt. Paradox, ich weiß. Wenn wir uns nur über die Beziehung definieren und die nicht funktioniert, dann drehen wir durch, weil wir sonst nichts haben. Dann gibt es nur noch diesen einen Bereich, und wenn wir scheitern, dann gibt es keine Aufgaben mehr. Wir sind aber nicht nur Liebes-Wesen, sondern auch Arbeiter, Herrscher, Unterdrückte, Kunst-Erzeuger, Freunde, Töchter, Söhne, Onkel, Tanten, Denker, Träumer und Reisende. Man darf sich nicht auf einen Aspekt stürzen und alle anderen Teile des Wesens ignorieren – man kann sie als Filter benutzen oder auch als Flucht. Mir hat es eine Woche meines Lebens erleichtert, auf einmal wieder Sohn zu sein. Und die letzten Wochen, Freund zu sein.

Ich finde es schon irgendwie bemerkenswert, daß sich zwei Menschen zu einem Paar zusammentun. Und schön. Ich glaube, daß man wirklich daran arbeiten muß, so etwas aufrechtzuerhalten. Beziehungen oder das, was darin passiert, sind oft eine Zumutung. Aber der Begriff Zumutung kann auch positiv gelesen werden. Wenn wir, als wir allein waren, dachten »ich ertrag's nicht mehr«, dann sehen wir in der Beziehung, daß wir stärker sind, als wir dachten, weil wir a) das Alleinsein überlebt haben und b) wir uns weitaus mehr zumuten können, als wir uns je erträumt (oder befürchtet) haben. Wir halten Sachen aus, lassen unsere Grenzen verletzen und leben immer noch.

Wir sind stark, wir haben's in uns. Nur weil alte Wege und Verhaltensweisen für uns funktioniert haben, heißt das nicht, daß sie gut waren. Wir waren früher andere Menschen – bei

Dir und mir sieht man das schon an der äußeren Veränderung –, und wenn wir schon so metamorph sind, warum nicht noch mit der Schminke ein paar alte Ängste wegschmeißen?

Let's be butterflies.

Akte EX

… wo wir der Wahrheit ins Auge sehen müssen,
daß der Mann jetzt irgendwo da draußen ist

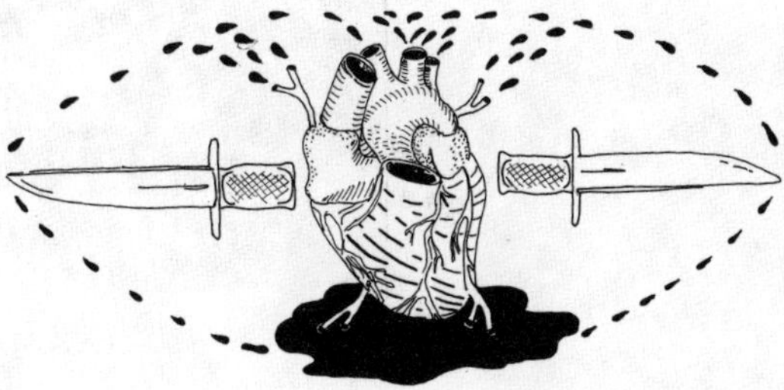

Bevor wir in die vollen der Leere gehen und sie in eine Lehre umwandeln, hier ein Text (genaugenommen eine postmoderne Leander-Lied-Textcollage) von Michael von der Heide, der eleganterweise mit einer Gegenfrage die Frage beantwortet, die der Titel dieses Buches aufwirft.

Warum sollt ich nicht aus Liebe weinen

Ich glaubte, mein Herz wäre Liebe
Wollte mein Leben der Liebe geben
Und vor Glück konnt' ich alles vergessen
Und vor Glück hatt' ich alles verschenkt
Ich hatte dir mein Herz verschrieben
Tausend Dinge dir gesagt
Ich hatte mein Herz und mehr verloren
Und erfuhr, was Seligkeit ist

Warum sollt ich nicht aus Liebe weinen?
Wann kann endlich dieses Wunder geschehn?
Warum sollt ich nicht aus Liebe weinen?
Wir wollten doch niemals auseinandergehn

Silberwellen schmeichelten wie noch nie
Ich glaubte und hoffte und dachte
Die Wirklichkeit sah anders aus
Meine Seele wachte irgendwo
Ich dachte, du würdest mich wirklich lieben

Doch schön wurde ich nicht davon
Du ließest mich zu oft im Regen stehn
Ich will dich nie wiedersehn

Warum sollt ich nicht aus Liebe weinen …

Für mich ging eine Welt unter
Leben ohne Hoffnung – hoffnungslos
Mit einem andern wirst du nicht glücklich sein
So hoff' ich immer noch
Um dich weint' ich ein paar Tränen
Doch du konntest es nicht sehn
Und beim Abschied lächelte ich
Als wäre nichts geschehn

Warum sollt ich nicht aus Liebe weinen …

Die Geschichte des Sitzengelassenwerdens ist fast so alt wie die Geschichtes des Staubes. Alt, alt, alt. Und genauso lästig. Die »Akte Ex« widmet sich den traurigen Konsequenzen der Tatsache, daß so manche Liebe vergeht und unwiderruflich verloren bleibt. Die Kapitel zum Thema Trennung sind in den meisten schwulen Büchern recht dürftig, deshalb möchte ich ausführlich auf diese Kondition eingehen, mit der wir alle früher oder später konfrontiert werden – die meisten von uns leider zu oft. Ich habe selbst diverse Trennungen er- und überlebt, bei meiner letzten jedoch ging es mir derart dreckig, daß ich mich zum Spezialisten auf diesem Gebiet entwickeln mußte, um wieder Boden unter die Füße zu kriegen. Und da es egoistisch wäre, alle meine Tricks und Taktiken der Selbstrettung für mich zu behalten, teile ich sie nun mit. An dieser Stelle möchte ich Sie um etwas bitten: Teilen Sie mir mit, inwiefern sie von den folgenden Sichten, Einsichten und Gehirnwäschen profitiert haben, oder auch nicht. Über Reaktionen würde ich mich freuen – selbst wenn es Haßbriefe sind. Nicht, daß ich darauf stehe. (Email: nnalw@aol.com)

»Akte Ex« beschreibt die Gefühle, die in einem kämpfen und sich ausbreiten, wenn man verlassen wurde, und die verschiedenen Phasen der Trennung. Ich habe erlebt, daß es beruhigend sein kann, zu lesen, daß man nicht der einzige Mensch ist, der in einer solchen Situation austickt, und deshalb beschlossen, dem bitteren Kapitel »Trennung« in diesem Buch besonders viel Raum zu geben. Auf das Kapitel »Akte Ex«, das die Trennungserlebnisse und ihre »Bewältigung« nachzeichnet, folgt abschließend ein konstruktiver Ratgeberteil, in dem Wege aus der Krise beschrieben werden – quasi Ego-Boosting für Fortgeschrittene. (Tja, denn ein Sitzengelassener ist ein fortgeschrittener Fall von Ego-Boost-Bedürftigkeit.)

Wenn der Fall eintritt und all unsere Bemühungen um den Erhalt der Beziehung gescheitert sind oder in unserem Partner auf Ablehnung stoßen, kommt es zur Trennung. Entweder wir selber wagen den Schritt und begeben uns zugunsten einer hoffnungsvollen Zukunft aus einer für uns hoffnungslosen Situation, oder wir werden sitzengelassen. Die Gefühle des Sitzenlassenden ähneln denen des Sitzengelassenen. Auch derjenige, der die (scheinbar) stärkere Position hat, da er den Partner zurückweist, wird das Gefühl haben, gescheitert zu sein. Er wird in der Regel nicht strahlend wie Phönix aus der Asche steigen, sondern deprimiert und desolat, weil auch für ihn eine Hoffnung enttäuscht wurde. Mein letzter Ex-Freund bezeichnete den Verlauf, den unsere Beziehung genommen hatte, als »tragisch« und sprach mir damit aus der Seele.

Wenn ich selber Beziehungen beendete, hatte ich oft mit Schuldgefühlen zu kämpfen. Aber die waren sehr viel schneller verschwunden als das Leid, das man erlebte, wenn man der Sitzengelassene war. Meist war ich, nachdem ich mich getrennt hatte, so gebeutelt, daß ich für mindestens ein Jahr vorzog, allein zu bleiben. Andere stürzen sich unmittelbar ins nächste Abenteuer, was manchmal einen etwas wahllosen Eindruck auf das Umfeld des Abenteurers macht. Eine Empfehlung kann ich nicht geben. Auf jeden Fall sollte man überlegen, inwiefern das eigene Verhalten dazu geführt haben kann, daß die Liebe starb und man dem Partner den Laufpaß geben mußte.

Als Sitzengelassener hat man eine nicht unbedeutende Zukunftsperspektive: Man kann durch die Fehler in der Partnerschaft lernen und versuchen, sein Verhalten zu ändern. Getrennt worden zu sein muß Anlaß geben, eine Bestandsaufnahme zu machen, seinen Selbstwert wieder in den Griff zu bekommen und mutig in eine verheißungsvolle Zukunft zu starten. Am Anfang, also unmittelbar nachdem der Partner einem seine Trennungsentscheidung mitgeteilt hat, geht einem der Optimismus leider meist völlig abhanden.

Die Autoren Klaus Koch und Bärbel Schwertfeger haben den Trennungsratgeber ›Zu zweit am Ende‹ veröffentlicht, dessen wichtigste Thesen ich auf die Situation der schwulen Trennung anwenden möchte. Nachdem ich die ersten schlimmen zwei Wochen der Trennung hinter mich gebracht hatte, habe ich den Titel durchgestrichen und dick darunter geschrieben: Allein am Anfang.

Der Breakdown

»Breaking up is never easy, you know – but I had to go.
Knowing me, knowing you – it's the best I could do.«
ABBA

Wenn wir mit einer Mitteilung dieser Bandbreite konfrontiert werden, und zwar nicht durch den ABBA-Song, sondern aus dem Mund unseres Noch-Freundes, wären wir ziemlich abgebrüht, nicht schockiert zu reagieren. Selbst wenn uns klar war, daß in der Beziehung etwas nicht so läuft, wie wir oder unser Partner uns das erhofft hatten, reißt es einem den Boden unter den Füßen weg, wenn der andere resigniert und unzweifelhaft zu verstehen gibt, daß für ihn die Liebesbeziehung beendet ist.

Die erste Reaktion ist Schock. Wir können unsere Gedanken kaum ordnen, so überwältigt und überfordert sind wir, die Mitteilung und ihre Konsequenzen überhaupt erst einmal zu registrieren. Wir befinden uns mitten in einem Trauma, in einem schlechten Film, und wie ein schlechter Schauspieler verhaspeln wir uns, wenn wir versuchen, Stellung zu beziehen. Ein normales Gespräch ist praktisch unmöglich, und wenn wir nicht sofort in Tränen ausbrechen oder einen Wutanfall bekommen, dann geschieht das spätestens in dem Moment, wo der Ex-Partner den Raum verlassen oder den Telefonhörer aufgelegt hat.

Die Reaktion ist berechtigt, denn all unsere Pläne und Hoffnungen sind auf einmal bedroht, da wir das Vertrauen hatten, sie über die Beziehung zu definieren. Wir haben unsere Wünsche und Ziele, unseren Alltag an die Situation der Partnerschaft angepaßt – hierfür waren nicht nur viele logistische Probleme zu lösen, mehr noch als das mußte Vertrauen etabliert werden, waren diverse Eingeständnisse zu machen und bestimmte Entscheidungen mit dem Partner abzustimmen. Der Verlust dieses Vertrauens, das wir langsam aufbauen mußten, wird uns in der nächsten Zeit schwer zu schaffen machen. Aber es sei schon an dieser Stelle tröstend erwähnt: Es ist möglich, die Füße wieder auf den Boden zu bekommen und nicht nur zu überleben, sondern sogar von dieser Erfahrung zu profitieren und sie für die individuelle Entwicklung nutzbar zu machen. Doch, wie gesagt, am Anfang steht der Schock.

Bei meiner letzten Trennung sah das so aus: Am Telefon zeigte ich keinerlei Gefühl. Mein Freund hatte ein Treffen vorgeschlagen, »um zu reden«. Da ich ihn ausreichend kannte, um zu wissen, daß er nicht über Probleme redet, war mir klar, worauf das Treffen hinauslaufen würde, und ich sagte ihm: »Wenn du dich von mir trennen möchtest, dann brauchen wir dazu nicht essen zu gehen, das kannst du mir auch gleich sagen.« Gesagt, getan. Obwohl ich nicht gerade langsam bin, mußte ich eine Nacht schlafen, bis die Information »Schluß« mit all ihren Konsequenzen zu mir durchgedrungen war. Am nächsten Morgen wachte ich heulend auf, und das sollte sich auch einige Zeit lang nicht bessern.

Die Tatsache, daß mir klar war, es würde in dem Gespräch, das er vorschlug, um Trennung gehen, sagt einiges über den Zustand, den unsere Partnerschaft damals hatte. Ich hatte schon selbst daran gedacht, Schluß zu machen, aber noch Hoffnung gehabt, die Beziehung retten zu können.

Eine Trennung kommt selten von heute auf morgen – es sei denn, ein dritter (oder vierter oder fünfter) ist involviert. Meist geht dem ein langwieriges Abwägen von Zuständen, Zu- und Eingeständnissen voran, die man bereit ist zu machen oder eben nicht. Das Ganze vollzieht sich dann noch häufig vor dem irrigen Bild der Traumprinz-Phantasie und dem Maß an Unzufriedenheit, das man aufgrund seiner Sozialisation mit sich herumschleppt.

»Er hat mir nicht genug gegeben« bedeutet oft, daß wir gar nicht formuliert haben, was wir eigentlich von ihm wollten. Hier sei noch mal daran erinnert, wie schwierig es für die meisten Männer ist, Gefühle zu äußern, weil das voraussetzt, sich mit dem Empfinden, den eigenen Wünschen und Sehnsüchten auseinandergesetzt zu haben. Statt dessen hat man als Mann eher »Pläne geschmiedet«, »Ziele entwickelt«. Das ist nicht etwa verkehrt, nur kann es nicht schaden, in Erfahrung zu bringen, wo ein Plan, ein Wunsch oder auch eine Unsicherheit oder Beziehungsangst ihren Ursprung hat (unter Bindungsangst zu leiden und in einer Beziehung zu leben ist kein Widerspruch, sondern der Normalfall).Wenn nun jemand nicht mehr in den Plan paßt, scheint es den meisten Schwulen praktischer, den Mann auszutauschen, als den Plan zu überdenken. Man kann mir sagen, was man will: Für denjenigen, der das Schlußwort gesprochen hat, ist der Neuanfang leichter als für den, der aufgegeben wird. Der Schlußmacher hatte zumindest mehr Zeit, sich auf einen Neuanfang einzustellen, der Sitzengelassene wird nicht gefragt, ob er sein Leben neu ausrichten will – es bleibt ihm keine Wahl.

Hardcore: Die Wohnungsauflösung

»You abandoned me – love don't live here anymore.«
Madonna

Noch bitterer, als sie ohnehin schon ist, wird eine Trennung, wenn man eine gemeinsame Wohnung, gemeinsame Versicherung, gemeinsamen Besitz, ein gemeinsames Tier oder gar ein Kind hatte. Neben den naheliegenden Unannehmlichkeiten – wer bekommt was, wer zieht aus etc. – kommen oft noch finanzielle Belastungen auf beide Partner zu, die sie bald nicht nur zu Ex-Partnern, sondern zu Gerichtsparteien machen können. Kann man sich nicht gütlich einigen, bleibt meist nur der Gang zum Rechtsanwalt, und der kostet.

Ich persönlich halte die heterosexuelle Scheidungspraxis, in der ein Partner dem anderen bis ans Lebensende Alimente zu zahlen hat, für völlig absurd – insbesondere, da in der Regel heutzutage beide Partner berufstätig sind und sich selber ernähren können. Unter solchen Bedingungen passen Alimente nicht in eine »Jeder-für-sich-und-nach-mir-die-Sintflut«-Gesellschaft, und in einer solchen leben wir nun einmal.

Sollte es zu einer »schwulen Ehe« kommen (an dieser Stelle ein Grußwort an Herta Däubler-Gmelin: Hallo Herta! Warum haben Sie eigentlich so ein Problem mit der Bezeichnung schwule »Ehe«? Wo bleibt die grundgesetzlich zugesicherte Gleichberechtigung? An Ihrem Unvermögen, von einer »schwulen Ehe« sprechen zu können, manifestiert sich nichts anderes als bigott-christliche Homophobie), kann man nur hoffen, daß eine adäquate Lösung für die Trennungssituation gefunden wird, damit nicht bald die Schwulenszene von Goldgräbern bevölkert wird.

Dennoch plädiere ich dafür, daß beide Partner sich um den Unterhalt für den Hund und das Kind kümmern, wenn es sich dabei um eine gemeinschaftliche »Anschaffung« gehandelt hat. Wenn der Ex sich generell als zahlungsunwillig herausstellt – herzlichen Glückwunsch! Dann haben Sie nämlich Grund, die Depression hinter sich zu lassen und eine berechtigte Wut auf die Charaktersau zu entwickeln (wie konnten Sie es bloß so lange mit ihm aushalten?). Wenn Sie den Hund haben und den Ex nie wiedersehen wollen, dann bestreiten Sie den Unterhalt allein und verweigern Sie dem Mann die Besuchsrechte (sofern das für den Hund okay ist).

Wenn es ein Kind gibt, dann ist mehr emotionale Reife erforderlich und das Besuchsrecht obligatorisch. Tut mir leid, ich möchte nicht in Ihrer Haut stecken. Unter solchen Bedingungen zieht sich die Trennung viel länger hin, da Sie eine gemeinsame Verantwortung haben, aus der man sich nicht herausziehen kann, ohne schlimme Schäden beim Kind anzurichten, das ohnehin unter der Trennung ebensosehr leidet wie Sie. Aber Sie werden auch das meistern, und wenn ich es auch bislang vermieden habe, diesen Rat zu geben – in Ihrem Fall würde ich einen Therapeuten einschalten. Für Sie, den Ex, das Kind.

Wer eh schon am Boden ist, hat keinerlei Lust, sich über die praktische Regelung der Auflösung des gemeinsamen

Haushalts zu kümmern und sich allein in einer Wohnung wiederzufinden, in der man einst zu zweit gelebt hat. Wenn man die alte Wohnung überhaupt noch halten kann (schließlich war sie auf Doppelverdienst ausgerichtet), dann macht es einen krank, durch diverse Gegenstände und die Abwesenheit diverser Gegenstände ständig an die Partnerschaft erinnert zu werden. Kann man die Wohnung behalten, empfiehlt sich eine Totalrenovierung inklusive Neuverteilung der Räume. Oder der Auszug.

Ist man hinausgeworfen worden, muß man seine kreative Energie in die Innendekoration der neuen Wohnung lenken und seiner Wut beim Tapetenabreißen und Wändestemmen freien Lauf lassen. Es ist nicht schön, in solch einer Situation etwas in Angriff zu nehmen, was man eigentlich gut geerdet und voll positiver Energie angehen sollte, aber es bleibt einem nichts anderes übrig. Die Umgestaltung der alten beziehungsweise die Renovierung der neuen Wohnung kann eine gute Markierung der Entwicklung sein, die wir durchmachen. Vielleicht hatte man schon längst ein anderes Stilbewußtsein und wußte es nicht, oder man hatte seinen Geschmack dem des Lovers untergeordnet. Jetzt ist die Zeit, sich den Sling ins Schlafzimmer zu bauen, die Madonna-Plakate wieder aufzuhängen und die verhaßte Kommode der Schwiegermutter dem Sperrmüll zu übergeben. »Strategien ändern« ist einer der Leitsprüche für Lebenssituationen, in denen wir das Gefühl haben, gescheitert zu sein. Gardinen auswechseln fällt im weitesten Sinn auch in diese Kategorie.

Frisch getrennt, haben wir einen anderen Blick auf die Welt und auch auf unsere nächste Umgebung. Er wird geprägt von unserem Gefühl, und unser Gefühl ist – kalt, grau, tot. Als es mir so ging, konnte ich meine Wohnung nicht mehr ertragen, weil sie nichts mehr mit mir zu tun zu haben schien. Sie war viel zu nett, zu hübsch, zu un-unglücklich. Anstatt die Wände schwarz zu streichen und die Möbel mit Laken abzuhängen, habe ich mich so selten wie möglich dort aufgehalten, und irgendwann fühlte ich mich darin schließlich wieder gut aufgehoben. Durch das permanente Außer-Haus-Sein bin ich allerdings in einer kleineren Finanzmisere gelandet und mußte meinen Dispokredit erhöhen, weil ich so viel Geld für Kultur, Essen- und Trinken-Gehen, Shoppen und Reisen ausgegeben hatte. Beide Krisen – die der Trennung und die der Finanzsituation – gingen vorüber. Wenn man sich nicht finanziell gefährlich verausgabt, ist es mehr als legitim, sich ein paar gute Dinge zu tun und schöne Sachen zu leisten. *After all*, wem sollen wir etwas vererben – unserer Cousine vierten Grades? Schwules Geld ist zum Ausgeben da und, ich sage es noch einmal, nicht dazu, einem arbeitsunlustigen Sugarbaby, mit dem man mal liiert war, lebenslänglich die Ecstasy-Pillen zu finanzieren.

Wer erst einmal wieder in Erfahrung gebracht hat, was er für sich selber will, und aufgehört hat, in Wir-Wünschen zu denken, kann seine Energien und seine Finanzen in befriedigende, konstruktive Projekte investieren – sei es, endlich eine schwule Schlachterei zu eröffnen (was der Ex nie wollte, weil er Vegetarier ist), die Wohnung zu renovieren oder Urlaub in einem Land zu machen, in das der Verflossene nie reisen wollte.

Stichwort »Mord«

»Razors pain you; / Rivers are damp; / Acid stains you; / And drugs cause cramp. / Guns aren't lawful; / Nooses give; / Gas smells awful; / You might as well live.« (Rasierklingen schmerzen / Flüsse sind naß / Säure ist ätzend / Auf den Strick ist kein Verlaß / Pistolen sind Hardcore: / Man schießt häufig daneben / Der Kopf kokelt im Backrohr / Vielleicht doch besser leben …)
›Resumée‹ von *Dorothy Parker*

Trennung ist ein Trauma. Wenn etwas vorbeigeht, woran uns viel lag, wenn wir belogen, betrogen, verlassen wurden, dann ist oft der erste Gedanke: »Ich will nicht mehr.« Hier ist der Gedanke an Selbstmord oft nur Ausdruck eines Mordwunsches. Für den Umgang mit dem Sitzengelassenwerden gilt das gleiche wie für jede andere Krisensituation: Setzen Sie sich mit der Angst auseinander, versuchen Sie nicht, sie wegzudrängen, denn sie wird Sie einholen. Verdrängen solch starker Gefühle mag kurzfristig eine Linderung des Schmerzes bringen – langfristig brechen sich jedoch die Gefühle ihre Bahn, sei es durch einen Nervenzusammenbruch, Depressionen oder eine manifeste physische Erkrankung. Unabhängig davon, wie Ihre Beziehung zerbrochen ist – ob ein anderer Mann der Grund für die Trennung war oder »mann sich auseinandergelebt hatte« –, plötzlich wieder allein dazustehen ist eine bedrohliche Vorstellung. Man ist verbannt worden, fühlt sich gedemütigt, degradiert. Wie ein Kind, das in die Ecke gestellt worden ist, hat man die Hoffnung, man könne sich bald wieder umdrehen und alles sei vergeben und vergessen.

Es liegt eine sehr harte Zeit vor einem, und der Trost, daß wir eines Tages ein neues Glück finden werden, hilft einem in dieser Situation auch nicht weiter, weil man zu sehr mit dem

Vergangenen beschäftigt ist. Man liebt schließlich noch, und es ist einfach unakzeptabel, daß der Partner dieses Gefühl in sich hat sterben lassen.

Der Tag X

»I just don't know what to do with myself – I'm so used to doing everything with you, planning everything for two – and now that we're through – I just don't know what to do …«
Cameron Diaz (göttlich!) in
›Die Hochzeit meines besten Freundes‹

Ein Freund von mir hat den Tag, an dem er sitzengelassen wurde, zum Anlaß genommen, sich in Schale zu schmeißen, in die Szene zu gehen und sich massiv zu besaufen. Fazit war, daß er sich am nächsten Tag im Katerzustand noch schlechter fühlte als zuvor und jede Menge Zeugen für seine Ausfälle hat. Das Bedürfnis, sich auszublenden, den Geist auszuschalten, ist allerdings sehr stark, und wenn es einen Grund gibt, vorübergehend diesen Weg zu gehen, dann sicher das Trauma, das wir gerade erleben dürfen.

Ich konnte am Tag nach meiner Trennung das Haus gar nicht verlassen und habe mit allen Freunden telefoniert, mich ausgeheult und mir Leute eingeladen, um nicht total Amok zu laufen. Ich bin froh, daß mich nur zwei Freundinnen in diesem Zustand visuell erleben mußten, denn obwohl nicht allzuviel Glas zu Bruch ging, beschreibt »Amok« den Zustand doch ganz gut. Kaum daß mein Besuch weg war und ich mich ausgiebig über die negativen Seiten meines Ex ausgebreitet hatte, kamen Erinnerungen an die schönen Tage der Beziehung in mir hoch und verfolgten mich – ich konnte die Eindrücke überhaupt nicht mehr abschalten. An Schlafen war nicht zu denken, und damit ich nicht permanent innere Dialoge führen mußte, in denen ich mit meinem Ex das Für und Wider unserer Beziehung diskutierte, ihn anbrüllte, phantasierte, daß er zu mir zurückkäme, stellte ich den Fernseher an, um eine Geräuschkulisse zu haben, soff und nahm eine Schlaftablette. Am nächsten Tag hatte ich hohes Fieber und Angstzustände wie noch nie zuvor in meinem Leben. Ich dachte, ich könne nicht mehr atmen, obwohl ich spürte, wie Sauerstoff in meinen Lungen ankam. In der Medizin gibt es ein einsilbiges Wort, das all das zusammenfaßt: Schock (psychosomatische Grippe inklusive)! Noch Monate später knirschte ich nachts so sehr mit den Zähnen, daß mir eines Tages ein Zahn abbrach und ich mir eine Beißschiene anfertigen lassen mußte. Selbst wenn ich heute an diese ersten Tage der Trennung zurückdenke, bekomme ich eine Gänsehaut.

Der Grund, der sich so massiv physisch wie psychisch niederschlug: »Die Bezugsperson, die an vielen Bereichen unseres Lebens teilgenommen hat, die unsere Sorgen und Nöte, unsere Stärken und Schwächen genau kennt, die uns versteht und uns helfen kann, ist plötzlich nicht mehr da.« (Koch/Schwertfeger) Plötzlich entsteht ein Loch in unserem Leben, und wir sind völlig außerstande, Wege zu finden, Perspektiven zu sehen, wie wir diese Leere je füllen können. Wir sind mit Freizeit gestraft. Im folgenden die Tagebuchaufzeichnung eines Freundes von mir, die das Grauen sehr gut beschreibt, das von einem Besitz ergreift:

Schreien möchte ich die ganze Zeit, schreien wie auf dem Munch-Bild. Kopflos, wortlos, ein einziger heulender Klagelaut, in dem alles liegt: das Leid, der Ekel, die Wut, die Verzweiflung, die Frage nach dem Warum, Was nun, nach dem Wohin und vor allem dem Wie. Wenn ich morgens aufwache, ist in der ersten Sekunde noch alles in Ordnung, aber dann saust wie ein Fallbeil das Wissen auf mich herab –

dies ist kein Tag, auf den ich mich freuen kann, dies ist nicht die Woche, in der mein Leiden aufhört, das wird nicht der Monat werden, in dem sich magisch alles zum Guten fügt. Und es wird nicht besser. Die Hoffnungen, die ich hatte, die Wünsche, die ich für uns beide hegte – die guten Zeiten, die es tatsächlich gab –, all das ist plötzlich ein Alptraum. Der ganze Kleinscheiß kommt jetzt nach oben: Mit ihm wollte ich ins nächste Jahrtausend gehen. Irgendwann aufs Land ziehen. Alt werden. Sein Hund fehlt mir. In meiner Wohnung liegen überall Bücher herum, mit Lesezeichen nach der zehnten, elften Seite – ich kann keine Fiktion ertragen. Selbst das Telefonklingeln hat einen brutalen Klang – weil ich jedesmal hoffe, daß er es ist und seine Entscheidung rückgängig macht. Gleichzeitig ist alles so banal – jeder hat diese Situation schon einmal erlebt, mußte da schon einmal durch, aber auch das ist kein Trost.

Die erste Zeit war ich taub und stumm, katatonisch – das heißt, wenn ich nicht geheult habe. Und jetzt möchte ich morden, wüten, aber es bleibt bei den nicht geschrieenen Schreien. »Er war einfach nie da«, sagt Marilyn in ›The Misfits‹ zu ihrer Freundin. Jemand ist nicht da, selbst wenn er im gleichen Raum ist, im gleichen Bett. Mittlerweile, da er wirklich nicht mehr da ist, ist natürlich alles noch viel, viel schlimmer. Monatelang habe ich es durchgestanden und mir eingeredet, daß schon alles wieder wird. Erst als wir zusammen verreisten, wurde klar, daß es nicht mehr geht. Crash-Kurs in seelischer Grausamkeit.

Im Moment erleben wir die Trennung wie den Tod eines Geliebten, nur mit dem Sondervorzeichen, daß wir den Eindruck haben, wir hätten ihn in den Tod getrieben. Wir fragen uns, was wir falsch gemacht haben, oder, um Hildegard Knef zu zitieren, »Wann fing es an, so aufzuhören?«. Die einzige Antwort: unser Ich und sein Ich haben ein Wir produziert, das nicht überlebensfähig war. Nicht die Ichs sind tot, nur das Wir.

Doch vor dem Hintergrund, sitzengelassen worden zu sein, während der andere sich fortbewegt (stellen Sie sich das mal bildlich vor), konzentriert man sich vorerst auf Schuldzuweisungen, Selbstbemitleidung und Trauer. Es ist etwas gestorben, doch in einem ist noch Hoffnung, das tote Ding wiederzubeleben. Was glauben wir, wer wir sind? Jesus? Dr. Frankenstein?

Prinzip Hoffnung: Lover come back to me

»Wir sind in erster Linie dafür zuständig, daß es *uns selbst gut geht*, und nicht dafür, daß wir die Wünsche des *anderen* erfüllen. Kann er das nicht akzeptieren, kann er auch unsere Person nicht akzeptieren, und das ist – besonders für eine längere Beziehung – keine gute Ausgangsbasis.«
Koch/Schwertfeger

Eine Freundin von mir nährte meine Hoffnungen, es gäbe eine Perspektive für meine kaputte Beziehung, als sie mir erzählte, daß sie mit ihrer langjährigen Freundin ursprünglich eine recht konfliktreiche Liebesbeziehung hatte, bis sie sich eines Tages fast verprügelten und Schluß machten. Ein halbes Jahr später hatten beide genug Zeit und Distanz gehabt, zu überlegen, ob es nicht doch einen Versuch wert wäre, die Beziehung wiederaufzunehmen. Diesen Versuch haben sie unternommen und sind jetzt seit drei Jahren im Sinne des Wortes glücklich. Dem ging jedoch eine Phase der individuellen Reifung voraus.

Die Hoffnung zu entwickeln, den Partner wiederzugewinnen, bedeutet eine gedankliche Umbewertung der Situation, man sieht plötzlich wieder Perspektiven. Es geht einem etwas besser. Dies ist der Moment, in dem man wieder einen Film sehen oder ein Buch lesen kann. Es ist jedoch in der Regel nur eine Verschnaufpause – und hat als solche durchaus seine Berechtigung. In jedem Gespräch mit dem Ex sucht man Anhaltspunkte dafür, daß er einen noch liebt, daß er einen zurückwill. Dabei ist er vielleicht nur geduldig und hat Mitgefühl mit uns, weil er sich schuldig fühlt, uns leiden zu sehen.

Anzunehmen, daß man mit dem Ex drei Tage nach dem Aus wieder glücklich werden kann, ist unrealistisch. Die Probleme, die sich aufgebaut hatten und durch das Schlußwort einen Damm gebrochen haben, müßten erst einmal behoben werden, um einen Neuanlauf zu ermöglichen. So ein Neuanlauf ist nicht unmöglich und auch nicht wahnsinnig selten, aber sämtliche Hoffnungen darauf zu konzentrieren ist grundfalsch. Es bringt einen nicht weiter und hält einen letztlich davon ab, sich auf sich selbst zu konzentrieren.

Wäre da nicht die Scheißangst vor dem Alleinsein und die »Anstrengung«, die damit verbunden ist, einen neuen Liebespartner zu finden, würde man vielleicht schneller mit der Trennung klarkommen. So aber versteift man sich darauf, alles rückgängig machen zu können, und unternimmt jeden Versuch, den Partner »zurückzuerobern«. Wer vorher schon ein Nähe-Distanz-Problem hatte, treibt es jetzt auf die Spitze: als jemand, der Nähe einklagt und den Trennungsschritt des Ex-Mannes nicht respektiert. Das bestätigt dem anderen nur, sich mit gutem Grund getrennt zu haben. Das ist der Höhepunkt der komplementären Schismogenese.

Es gibt natürlich nicht nur Ex-Männer, die eine Trennung kategorisch durchziehen. Oft genug gehen sie auf die Belagerung dessen ein, den sie verlassen haben, und schaffen so erst recht Verwirrung. Ist der Sitzengelassene hoffnungsvoll, einen Neuanfang starten zu können, freut sich der Ex oft nur darüber, daß man jetzt plötzlich so »entspannt« miteinander umgeht (weil der Sitzengelassene jedes einzelne Wort auf die Waagschale legt, nur um nichts Falsches zu sagen und damit dem Ex zu mißfallen) – und einen gelegentlichen Fick zu haben. Es mag sein, daß ein solcher Neuanfang tatsächlich zu einer neuen Beziehung führt, aber meist dauert es nicht lange, bis die alten Probleme wieder auftauchen.

Ein anderes, sehr biestiges Phänomen, eine leichte Variation der oben beschriebenen Belagerung: Man trifft den Ex »freundschaftlich« – so redet man sich ein. Schließlich ist noch Liebe da, und man will einen geliebten Menschen nicht einfach so aus dem Leben streichen. Die Treffen sind schön, wunderbar. Er wirkt entspannter, freundlicher und zufriedener als in der Partnerschaft. Wir werten das als Ebnung des Weges zurück zur Liebesbeziehung. Doch basiert seine Entspanntheit und sein Verständnis (siehe oben) eher darauf, daß die für ihn strapaziöse Beziehung vorüber ist. Er ist *ready for friendship*, wir eher noch nicht.

Es gilt nun abzuwägen, ob es besser ist, ihn einige Monate nicht zu sehen oder sich in Zukunft häufiger mit dem frustrierenden Moment abzufinden, daß wir nach einem gemeinsam verbrachten Abend getrennt nach Hause gehen. Ein Freund von mir hat letzteres versucht und kam eines Tages mit folgendem Brief zu mir, von dem er nicht wußte, ob er ihn abschicken sollte.

Lieber …
ich hab's versucht, aber ich kann nicht einfach so auf Freundschaft umschalten. Je mehr ich nachdenke, desto ärgerlicher werde ich darüber, daß Du unsere Liebe kaputtgemacht hast – das kann ich nicht einfach so wegstecken und tun, als sei nix gewesen. Kaum, daß ein Problem auftauchte, warst Du verschwunden oder nicht mehr ansprechbar. Oder bist eingeschlafen. Ein reiferer Mensch als Du hätte zumindest versucht, daran zu arbeiten – gemeinsam daran zu arbeiten.

Probleme wird es immer geben (gerade für Dich), und durch Wegrennen vertagst du sie nur. Irgendwann walzen sie Dich platt, und ich hätte für dieses Schauspiel gerne einen Logenplatz.

Es ist nicht so, daß ich Dich hasse – ich bin nur maßlos enttäuscht von Dir und vor allem empört, daß Du Freundschaft erwartest – letztlich willst Du nur Absolution. Daß ich Dir verzeihe, wie sehr Du mich verletzt hast. Und wir freundlich tun, als wäre unsere Liebe nie passiert. Freunde sein geht so nicht, noch nicht. Vielleicht, wenn wir beide jemand anderen gefunden haben. Aber ob wir uns dann überhaupt noch sehen wollen, ich weiß nicht. Außerdem habe ich schon genug Freunde.

Sei happy in Deinem neuen Leben ohne jede Verantwortung, ohne jede Rücksicht. Wo alles easy ist, so wie Du es liebst. Bis dann der nächste auf Deine hübsche Fresse reinfällt und Du ihm dann, wie mir, das Leben zur Hölle machen kannst. Für ein paar Wochen oder auch ein Jahr. Daß ich's überhaupt so lange ertragen habe … das Äußere war echt ein Faktor.

Ganz viel sorglosen Spaß wünscht Dir

PS: Die hübsche Fresse hält noch maximal zehn Jahre, eher fünf, wenn Du weiter so mies mit Dir umgehst. Vielleicht schaffst Du es ja bis dahin, Dein Inneres Deinem Äußeren anzupassen. Nur vielleicht ist es dann zu spät!

Ich habe meinem Freund geraten, den Brief nicht abzuschicken. Nicht etwa, weil er im Ton nicht freundlich ist, sondern weil es zwecklos ist, zu versuchen, den Ex zu überzeugen, daß er einen Fehler gemacht hat, daß er etwas kaputtgemacht hat. Das weiß er. Man kann recht haben, wie man will … Noch einmal: Man kann recht haben, wie man will. Der Mann fühlt einfach nichts mehr für einen. Wenn Sie das Glück hatten, daß Ihr Freund eine *Beauty* vor dem Herrn war, und nun das Pech, daß er weg ist, lassen Sie sich trösten. Erstens ist es gut möglich, daß Sie seine Macken nur wegen seiner Schönheit ertragen haben, zweitens, warum sollten Sie nicht wieder jemanden finden, der schön ist – der hat Sie ja auch mal gewollt, toppen Sie's. Mercedes De Acosta, die langjährige Geliebte von Greta Garbo, hat einmal sinngemäß über die Verflossene geäußert: »Natürlich war sie in jeder Faser ihres Wesens ein Bauerntrampel. Aber dieses Gesicht – dieses Gesicht!« In der Abgewöhnungsphase nehmen Sie seine Bilder von den Wänden und Couchtischen, und konzentrieren Sie sich auf seine Trampelhaftigkeit!

Mein Freund hat den Brief natürlich doch abgeschickt, und seitdem ist zwischen den beiden Funkstille. Was letztlich therapeutisch nicht verkehrt ist. Aber so ein Brief macht es einem schwer, tatsächlich eines Tages in Freundschaft wieder zusammenzufinden. Dazu fällt mir Marlene Dietrichs Lieblingsgedicht von Ferdinand Freiligrath ein.

»O lieb, solang du lieben kannst!
O lieb, solang du lieben magst!
Die Stunde kommt, die Stunde kommt!
Wo du an Gräbern stehst und klagst!«

Sie selber konnte es nicht rezitieren –
»Das kann ich nicht sagen, da muß ich heulen« …

»Und hüte deine Zunge wohl,
Bald ist ein böses Wort gesagt!
O Gott, es war nicht bös gemeint –
Der andre aber geht und klagt. (…)

Dann kniest du nieder an der Gruft
Und birgst die Augen, trüb und naß

– sie sehn den andern nimmermehr –
Ins lange feuchte Kirchhofsgras.

Und sprichst: O schau auf mich herab,
Der hier an deinem Grabe weint!
Vergib, daß ich gekränkt dich hab!
O Gott, es war nicht bös gemeint.

Er aber sieht und hört dich nicht,
Kommt nicht, daß du ihn froh empfängst;
Der Mund, der oft dich küßte, spricht
Nie wieder: Ich vergab dir längst!

Er tat's, vergab dir lange schon;
Doch manche heiße Träne fiel
um dich und um dein herbes Wort –
Doch still – er ruht, er ist am Ziel!«

Eine Freundin von mir, die wegen einer anderen Frau verlassen wurde, fragte ihren Ex, ob er noch bereit sei, dann und wann mit ihr ins Bett zu gehen. Der hatte kein Problem damit. Das Schwein. Für ihn war es prima, öfter Sex zu haben, für sie zog sich die Abnabelungsphase noch mehr in die Länge. Wie alle anderen Menschen, die ich kenne, hat auch sie die Trennung irgendwann überwunden.

Eine andere, die ihre Wohnung mit der Ex-Freundin teilte, erzählte mir, als ich sie kürzlich traf, daß sie soeben das Zimmer von Madame Ex in Schutt und Asche gelegt habe. Die beiden haben zwar neue Beziehungen, aber ich möchte, ehrlich gesagt, nicht in der Haut von einer einzigen der vier Damen stecken, die offenbar noch schwer an der Trennung zu knacken haben. Ich kann nur empfehlen: Ausziehn, ausziehn! Rachephantasien phantasieren, aber nicht umsetzen, und gegebenenfalls zu Bärbel Schäfer in die Sendung gehen, damit andere Leute auch etwas von der Geschichte haben.

Im Normalfall, wenn die Trennung endgültig ist, reagiert man als Sitzengelassener nach allen gescheiterten Anläufen, die Partnerschaft wiederherzustellen, langsam, aber sicher mit Frustration, und meist resultiert daraus eine ernsthafte, berechtigte Wut. Ich habe schon mehrfach betont, wie wichtig es ist, den Gefühlen (in übertragener Form) freien Lauf zu lassen, damit sie sich nicht psychosomatisch niederschlagen.

Man kann versuchen, was man will: Irgendwann offenbart sich, daß es wirklich vorbei ist. Was man jetzt leider noch nicht fühlt, ist, daß dieses Ende letztlich förderlich sein kann. Waren wir zuvor noch bereit, alles zu unternehmen, um den Mann zurückzuholen, so müssen wir jetzt hinnehmen, daß es nicht geklappt hat. Erst später wird uns klarwerden, wie sehr wir uns selber betrogen hätten, jemanden zurückzuholen, der uns nicht in dem Maße liebt, wie wir es verdienen. Eines Tages blicken wir auf unsere Versuche zurück und müssen uns zusammenreißen, uns nicht für die kopflosen Kämpfe und Krämpfe zu schämen, die wir unternommen haben, nur um einen Mann zurückzuholen, der unseren Wert nicht sieht.

Wenn wir die letzten Hoffnungen auf eine Wiedervereinigung aufgegeben haben, ist für eine gewisse Zeit mit einer neuen Flutwelle der Depression zu rechnen. In dieser Zeit ist Reden sicherlich das Wichtigste. Es ist ein Wunder, daß ich noch Freunde habe, so sehr habe ich jeden einzelnen mit Stories aus meiner Partnerschaft genervt.

Ich weiß, ich wiederhole mich, aber man kann es nicht oft genug sagen: Sofern es Bereiche in Ihrem Leben gibt, die Sie unter Kontrolle haben, setzen Sie alle Energie darein, und nutzen Sie die Wut als Schubkraft. Lassen Sie diese Energie nicht in einen Rachefeldzug umschlagen – höchstens in Rachephantasien. So kreativ und witzig das Rachephantasieren sein kann, es stellt nur eine andere Form der Beschäftigung mit Ihrem Ex dar, wie die Sehnsucht nach ihm oder die Depression, die sein Fortsein auslöst. Wenn Sie eine wirklich gute Rachephantasie haben, schreiben Sie eine Geschichte oder ein Drehbuch. Aber setzen Sie sie nicht um.

Oder hören Sie sich Madonnas ›You'll see‹ an, wo sie einen Mann ansingt, der sie verlassen hat, und ihm zeigt, daß sie wieder auf die Beine kommt. »You think that you've destroyed my faith in love? You'll see ...« Rache kann man transformieren in Trotz und die daraus geborene Entscheidung, daß man es sehr wohl schaffen wird, ein Leben ohne das Arschloch aufzubauen, das einem den Laufpaß gegeben hat. Die schönste Rache ist, daß dieses neue Leben schöner, wert- und liebevoller sein kann als alles, was man zuvor erlebt hat. Denn darüber vergißt man den ursprünglichen Impuls, sich zu rächen.

Madonna hat einmal in einer Talk-Show auf die Frage, was sie ihren Ex-Liebhabern wünscht, geantwortet: »That they love me forever and ever«. Und dann hämisch gelacht. Unschlagbar!

All der Alltag allein

»I'm driving home from work, knowing you're not there.
I used to hurry home and now I don't even care. The sun is
in my eyes so I can't see, but when it sets down behind the
mountain it's gonna be – my first night with you.«
Cyndi Lauper

In Ihrem alltäglichen Leben werden Sie nun laufend mit der Abwesenheit des Partners konfrontiert. Gemeinsame Routinen fallen weg, Ihre Tagesplanung gerät durcheinander, und Sie haben viel zu viel Zeit zum Grübeln. Wenn Sie sich nicht imstande sehen, Gespräche zu führen, dann schreiben Sie auf, was in Ihnen vorgeht. Das Äußern der Gefühle ist das einzige Gegenmittel gegen Verdrängung. Außerdem *will* man seiner Wut und Trauer freien Lauf lassen – am liebsten den Ex selbst damit konfrontieren. Wenn Sie daran interessiert sind, ihn als Freund zu behalten, sparen Sie sich das vorerst. Es wird noch genug Gelegenheit geben, mit ihm zu reden.

Jetzt ist es erst einmal wichtig, sich zu lösen. Wenn Ihnen der Gedanke im Augenblick noch Panik macht, dann erhalten Sie ruhig noch eine Weile die Illusion aufrecht, Sie bekämen den Mann zurück. Es kann jedoch nicht schaden, die Zeit der Trennung konstruktiv zu nutzen und selber auf Distanz zu gehen. Nicht um Gleiches mit Gleichem zu vergelten, sondern um das neue Solo-Leben in den Griff zu bekommen.

Fallstricke und Stolpersteine

»Noch immer kann ich nicht zurück zu dir – als Freund.«
Georgette Dee

Über eine Dauer von mehreren Wochen nach der Trennung hatte ich ein ziemlich lästiges Problem. Ich wachte jeden Morgen zwei Stunden vor dem Weckerklingeln auf und konnte nicht mehr einschlafen, weil ich wieder innere Dialoge führte oder meine Beziehung in Filmstreifen vor mir ablaufen sah. Zwei, drei Tage lang habe ich krampfhaft versucht, wieder einzuschlafen, dann eingesehen, daß es zwecklos ist, und statt dessen eine andere Strategie entwickelt: aufstehen. So hatte ich Zeit für Yoga, Zeit zum Schreiben, Malen, Körbeflechten und konnte noch eine Runde um den Park drehen, bevor ich anfing zu arbeiten. Ich ging in Frühstückscafés, machte Termine mit Freunden, die ebenfalls Frühaufsteher sind, und nutzte die Zeit. Nicht, daß ich zum Verdrängen kam – Thema Nummer eins war mein neuer Beziehungsstatus.

Auch das Einschlafen war nicht einfach, also blieb ich nachts wach, bis mir die Augen zufielen, schaute mir Filme an, las Selbsthilfebücher, ging gegebenenfalls noch mal auf ein Bier raus. Und wenn gar nichts anderes ging, machte ich mir zum Einschlafen leise Musik an: Barbra Streisand: ›Higher Ground‹, wunderbar für einen spirituellen Schlaf, oder Annie Lennox' Version von ›No more I love you's‹, das ich jetzt erst begriff: »I used to have demons in my room at night: Desire, despair, desire, despair. So many monsters.«

Selbst wenn ich es gewollt hätte, ich hätte mich nicht zwanzig Stunden am Tag von meinem Unglück ablenken können, keiner hält das durch. Ich hatte sehr viel zu verarbeiten – bei manchen Menschen geschieht das sprichwörtlich im Schlaf, bei anderen eben durch Auseinandersetzung. Um neben der Arbeit also noch mein seelisches Gleichgewicht auf die Reihe zu bringen, beschloß mein Körper, mich wach sein zu lassen.

Stehendes Wasser brütet Pest

»You can forget about it Baby. Bye bye Baby bye bye.
'cause it's the first time and the last time you'll ever
see me cry – you fucked it up!«
Madonna

Durch das Klagen meines Leides und das Übertragen meiner Gefühle auf konstruktive oder kreative Projekte habe ich verhältnismäßig schnell wieder Boden unter die Füße bekommen. Noch lange nicht in Gestalt eines farbenfrohen Perserteppichs, allerhöchstens grauer Beton. Auch wenn es nicht immer schön war, dem Klischee der trauernden Tunte zu entsprechen – die Tatsache, daß ich das Klageprogramm voll durchexerzierte, hat für mich den Heilungsprozeß beschleunigt.

Ein unangenehmer Nebeneffekt, vielleicht sogar das Wesen von Depression ist das Unvermögen, die tatsächlichen Gefühle auszudrücken. Die Trauer, die wir verspüren, ist nichts anderes als zurückgehaltene Wut, Angst, nichts als Haß, der sich nun gegen uns selber richtet. Der schlimmste Weg aus der Depression ist der Selbstmord – wie gesagt, auch ein unehrlicher Weg, gelten doch die verdrängten Aggressionen eher dem, der uns verlassen hat, oder dem erwähnten dritten, vierten oder fünften. Sich selbst auszuradieren würde nur die irrige Vorstellung illustrieren, daß man ohne den Partner nichts ist. Aber das ist man nicht. Man war doch vorher auch schon da! Wenn man ein denkbar unkreativer Mensch ist und über keinerlei künstlerische Ausdrucksmittel verfügt: Tagebuchaufzeichnungen geben einem die Möglichkeit, den Gefühlen freien Lauf zu lassen und nicht auf ihnen sitzenzubleiben, bis sie einen krank machen. Der Dichter William Blake sagte: »Stehendes Wasser brütet Pest«, und das war lange vor Freud!

Die Depression ist der gefährlichste Fallstrick in der Genesung des Verlassenen. Man muß sich, wenn man sie erlebt, bewußt machen, daß es Dinge gibt, an denen man sich erfreut, Menschen, die man liebt, und Dinge und Ereignisse, über die man Kontrolle hat. Daß man nicht verflucht ist, in Apathie vor sich hinzusiechen. Selbst in der schlimmsten Depression kann man sich über einen witzigen Film totlachen und zumindest für eine Minute wieder Freude verspüren.

Ein Rat, den ich in diversen Frauenzeitschriften und Ratgebern gelesen habe und den ich Ihnen mit auf den Weg gebe, obwohl ich ihn selber nie beherzigt habe: Setzen Sie ein Grinsen auf, sooft wie möglich – egal, wie es Ihnen gerade geht. Das muß auch irgendwie autosuggestiv wirken. Mich hat das immer zu sehr an die Zeugen Jehovas oder an Scientology erinnert. Aber letztlich arbeiten die genauso mit *brainwash*, wie wir es gerade tun, nur unter religiösen beziehungsweise wirtschaftlichen Aspekten, und nicht wie wir unter emotionalselbstwertrettenden.

Open your heart

»Walk on, walk on with hope in your heart –
and you'll never walk alone ...«
Judy Garland

Für männlich sozialisierte Schwule ist es oft genauso schwierig, Gefühle rauszulassen, wie für Heteromänner. Wenn mann nicht krank werden oder auf einen ausgewachsenen Nervenzusammenbruch hinarbeiten will, ist es jedoch unerläßlich. Wenn Sie sich vor anderen keine Schwächen eingestehen können, dann heulen Sie allein. Es ist zwar viel tröstlicher, sich von Freunden oder der Familie in einer solchen Drama-Situation auffangen zu lassen, aber Hauptsache ist, nicht wegzuschieben und zu verdrängen. Denken Sie daran, daß Sie viel, viel mehr sind als ein »Sitzengelassener«. Sie sind ein Freund, ein Werktätiger, ein Sohn, ein Nachbar, ein Träumer, ein Denker, ein ... setzen Sie die Liste fort! Lassen Sie sich nicht darauf reduzieren, daß dieser eine Mensch nicht mehr da ist. Sie engen sich ein und unterschätzen sich. Mein Credo war immer »Get on with it«. Nach der Trennung stockte ich auf: »Get on with or without it.«

Ein männlicher Verwandter von mir hatte vor einiger Zeit einen Herzanfall und lag auf der Intensivstation. Dort habe ich ihn das erste Mal weinen sehen. Die Erkenntnis, daß er als harter Mann plötzlich schwach war, daß er seine Beschützerrolle aufgeben mußte und sich die »schwache« Familie um ihn kümmerte, war emotional so stark, daß die Mann-Maske zerbrach. Warum gelingt das den meisten Männern nur in solchen Extremsituationen, etwa wenn sie vom Tod bedroht sind?

Vielleicht ist für Sie jetzt der Moment gekommen, die Chance zu ergreifen, sich endlich mit dem eigenen Gefühl auseinanderzusetzen und nicht zu warten, bis Sie innerlich erfrieren. Wenn Sie sich nicht vor Freunden »die Blöße geben« wollen (doch wozu hat man Freunde, frage ich Sie), dann suchen Sie sich einen Therapeuten. Es ist dessen Job, Ihnen zu helfen, und er erlebt Männer wie Sie nicht zum ersten Mal. Manchmal ist es schon hilfreich genug, *einmal* sein Leid zu klagen. Nichts spricht in solchen Fällen gegen die Telefonseelsorge. Sie wahren Ihre Anonymität, und auch für einen Telefonseelsorger sind Ihre Probleme nichts Neues. Bevor Sie vom Dach springen, nehmen Sie lieber den Telefonhörer in die Hand! Ein Seelsorger kann Ihre Krise überbrücken, und Sie können nach außen hin Ihre Stärke wahren, wenn Ihnen um Gottes willen so viel daran liegt. Und wenn Sie nach dem Gespräch immer noch meinen, springen zu müssen, dann denken Sie an die Menschen, die Sie lieben. Wollen Sie denen das antun?! Wie sagte Tony Curtis in ›Manche mögen's heiß‹ zu Marilyn Monroe: »Kein Kerl ist das wert, Sugar!«

Unsere Seelen heil?

»Bei Ihrer Hirnwäsche muß ja 'n aggressives Waschpulver in der Maschine gewesen sein.«
Tom Robbins

Es gibt ein billiges Klischee, das in der Tat gar nicht so überzogen ist, wie es auf den ersten Blick scheint. So ist das wohl meist mit Klischees. Ich rede von der Braut Gottes, der unglücklich verliebten Jungfrau, die sich Gott übergibt und (frustriert) als Nonne all ihre Liebe dem Herrgott und dessen Sohn widmet.

Vertrauen und Glauben sind Gefühle, die jeder Mensch in irgendeiner Form braucht, auch wenn sie nicht auf einem religiösen Feld ausgelebt werden. Vertrauen, darauf werde ich später noch ausführlicher eingehen, ist das Gegenmittel zur Angst. Was frühere Generationen in der Kirche praktiziert haben, geschieht heutzutage in der Zweierbeziehung: Wir erwarten, unser Seelenheil in der Liebe zu finden. Liebe ist uns Hoffnung, Religion, Dogma und Droge. Mit einer Trennung geht ein enormer Vertrauensverlust einher, und wir verspüren Angst, Aussichts- und Hoffnungslosigkeit.

Ich kenne einige Leute, die sich nach einer Trennung verstärkt mit Esoterik beschäftigt haben. Sie suchten Astrologen auf, machten Rückführungen, besuchten Channeling-Seminare. Es kann nie schaden, sich spirituell weiterzuentwickeln aber es ist wichtig, die »Religion« nicht als Ersatz für Liebe zu mißbrauchen – sonst könnten wir in der Tat auch in ein Kloster gehen. Wenn einem religiöse oder esoterische Betätigung das Vertrauen zurückgibt, so ist das wunderbar. Was nervt, ist der missionarische Drang vieler, alle anderen von den neuen göttlichen Energien zu überzeugen und verbissener New-Age-Prediger zu werden.

Ich habe nach ein paar Wochen begonnen, mir Tarotkarten zu legen, um etwas mehr Selbstsicherheit für die Zukunft zu bekommen. Das funktionierte, weil ich die Karten so deutete, wie es mir gerade in den Kram paßte, und mich nicht nach Definitionen in Büchern richtete. Ein weiterer wichtiger Aspekt war, daß ich keine Angst vor den Bildern auf den Karten hatte und mich nicht runterziehen ließ, wenn eine Serie von »schlechten« Bildern ausgelegt war. Das Kartenlegen war nichts als eine Beschäftigung mit der Beziehung auf übertragenem Niveau. Die Bilder setzten Assoziationen frei und lieferten gedankliche Aspekte, unter denen ich die Situation noch nicht bespiegelt hatte. Bestenfalls erlauben sie uns, die Lage anders zu bewerten, und je mehr Sichtweisen wir auf den Tatbestand haben, desto schneller kommen wir zu einem Ergebnis – der (Los)Lösung. Es ist wie ein Kriminalfall, in dem alle Beteiligten zu Wort kommen müssen, bis der Fall geklärt ist. In Herzensdingen sind die Kronzeugen Körper, Geist (Verstand), Psyche und Seele (eben dieses undefinierbare Ding, das unser Wesen ausmacht und alles beinhaltet, was nicht unter die drei erstgenannten Kategorien fällt).

Übrigens stellte ich fest, daß alle meine Freunde und Freundinnen im Besitz von Tarotkarten sind (und auch fast alle eine Beißschiene ihr eigen nennen). Das war mir zuvor nie aufgefallen, und ich hätte es nie erwartet, da meine Freunde nicht zu der Art Leuten zählen, die behaupten, sie hätten schon mit Shirley MacLaine Pyramiden gebaut.

Il n'y a que le beau qui reste ...?

»... le reste s'en va, le reste s'en va.« *Mouron*

Während dieser Zeit reichen sich Gefühle die Hand oder geben gar eine Familienparty. Herz und Hirn toben. Liebe, Wut, Verzweiflung, Hoffnung, Frustration, Haß, schöne und böse Erinnerungen, Neid, Mißgunst geben uns das Gefühl, wir wären eine multiple Persönlichkeit. In einer Minute wollen wir unseren Ex sofort sehen, in der nächsten möchten wir nie wieder etwas mit ihm zu tun haben.

Bei einigen Menschen laufen diese Filme nicht gleichzeitig ab, sondern verteilt auf längere Phasen. Koch und Schwertfeger benennen eine dieser Phasen »die beschönigende Rückblende«: »Verhaltenstherapeuten nennen das die

Theorie der kognitiven Dissonanz. Sie besagt, daß wir bei zwei unvereinbaren Tatsachen uns für eine entscheiden müssen und die andere vergessen oder verleugnen, da ein ständiger Entscheidungskonflikt nicht zu ertragen wäre.« Wir blicken auf die Beziehung durch eine rosa Brille zurück, denn »wären wir uns der vielen Streitereien, Disharmonien und Probleme unserer Partnerschaft ständig bewußt, so fiele es uns schwer, vor uns selbst zu rechtfertigen, warum wir mit diesem Menschen eine so lange Zeit verbracht haben und nun so unter der Trennung leiden müssen.« Lassen Sie sich Zeit mit diesem Zitat. Lesen Sie es ruhig noch einmal.

Ich kann nur empfehlen, was auch für den Weg zum Nichtrauchen gilt: Sobald man die Zigarette/den Ex idealisiert, erwächst wieder diese Sehnsucht ... Besser ist, sobald eine gute Erinnerung auftaucht, an einen Streit zu denken oder eine Angewohnheit, die wir nie an ihm ausstehen konnten. Das ist zwar grausam, aber Sitzengelassenwerden ist das auch. Fazit dieser Übung kann sein, daß man ihn so wirklich aus dem Herzen und dem Leben wirft, aber durchaus denkbar ist auch, daß man eines Tages wieder eine positive Grundhaltung ihm gegenüber zulassen kann und dann einer Freundschaft nichts im Wege steht.

Mouron, eine wunderbare Chansonsängerin, hat zwei Lieder in ihrem Programm, die ich früher sehr geliebt habe. In ›Il n'y a que le beau qui reste‹ singt sie sinngemäß, was nach dem Ende einer Liebe unterm Strich übrigbleibe, sei das Schöne. In einem anderen Lied, ›Et si plaisir d'amour‹, wird sie noch deutlicher: »Wenn das Liebesglück nur einen Augenblick dauert und der Liebeskummer ein ganzes Leben, so möchte ich lieber mein ganzes Leben lang weinen für diesen einen Moment des Glücks.« Als ich Mouron kürzlich traf, erzählte ich ihr, wie diese Lieder bei mir ankamen, als ich frisch getrennt war. Daß ich ihr, wenn sie mir ein paar Monate zuvor über den Weg gelaufen wäre, rechts und links eine runtergehauen hätte für diese Aussagen. Sie lachte und sagte, daß sie das nicht zum ersten Mal höre und es eine Gruppe von Menschen gäbe, die so reagiert wie ich, und eine zweite, die gerade in schmerzhaften Phasen der Trennung eben diese beiden Lieder hört.

In traurigen Momenten zu trauern ist adäquat, gesundheitsfördernd und berechtigt. Aber irgendwann wird es Zeit für ein Kontrastprogramm. Es ist, als ob unsere Gefühle ein Orchester sind. Man kann nicht immer nur die Trommel schlagen, sondern muß sich auch mal wieder an die Harfe setzen. Die verstaubt sonst.

»Die Beziehungsfalle«

»Set me free, why don't you Babe, get out my life
why don't you – 'cause you don't really love me,
you just keep me hanging on ... how can we still be friends
when seeing you only breaks my heart again?«
Kim Wilde

Koch und Schwertfeger arbeiten in ihrem Trennungsbuch die Arten männlicher und weiblicher Reaktion auf die Trennung heraus. Wie schon bei Deborah Tannen finde ich diese geschlechtsspezifische Herangehensweise sehr einengend. Geht eine Männerbeziehung in die Brüche, agieren die Beteiligten schließlich auch nicht im exakt gleichen Verhaltensmuster, nur weil beide Männer sind. Und auch wenn es durchaus weiblich sozialisierte Schwule gibt, deren Reaktion der der Frau in den Thesen der Autoren ähneln mag, so ist es nicht vorprogrammiert, daß der »männliche« Mann schematisch reagiert.

Folgendes Zitat soll die Unterschiedlichkeit zwischen Mann und Frau illustrieren: »Frauen geraten dagegen leicht in die ›Beziehungsfalle‹ des Mannes: Sei offen und beweise mir deine Liebe – aber mache dich nicht abhängig von mir, und erwarte auch nichts von mir. Die darin zum Ausdruck kommende Unverbindlichkeit, die von Männern gern als Souveränität oder Toleranz ausgelegt wird, ist oft nur ein Zeichen der Unfähigkeit, sich zu binden – und unter diesem Verständnis von Partnerschaft leiden Frauen ganz besonders.« Das liest sich für mich wirklich wie *das* klassisch-schwule Beziehungsproblem. Und die Situation hat Bezüge zu Deborah Tannens Kommunikationsthesen. Ein Partner drückt seine Erwartung nach Nähe aus, der andere sieht sich unter Druck und geht auf Distanz, weil er um seine Ich-Grenzen fürchtet. (Wie kann man den Männern diesen Quatsch bloß ausreden?)

Trauerdauer

»Now you say you're sorry for being so untrue.
Well, you can cry me a river, cry me a river,
'cause I cried a river over you.«
Julie London

Niemand kann Ihnen pauschal sagen, wie lange es dauert, bis Sie sich wieder wie ein normaler, vollständiger Mensch fühlen. Ein Freund von mir hat die Behauptung aufgestellt, über einen Mann hinwegzukommen dauert in der Regel halb so lang wie die Beziehung. Herzlichen Glückwunsch denen, die nur zwei Monate liiert waren! Eine Freundin meinte zu dieser These: »Bei mir dauert es eher doppelt so lange wie die Beziehung.«

Wenn früher ein Ehepartner starb, galten zwei Jahre als angemessene Trauerzeit. Heute hat sich das (im Todesfall) um etwa ein Jahr verkürzt. (Der Schriftsteller John Irving wurde einmal von der Zeitschrift ›Gala‹ befragt, warum sein 700-Seiten-Roman ›Witwe für ein Jahr‹ aus weiblicher Perspektive geschrieben wurde. Er antwortete, daß die meisten Witwer ja schon ein *halbes* Jahr nach dem Tod ihrer Frau wieder heiraten würden.) Ich muß gestehen, daß ich manchen Leuten viertelherzige Gefühle unterstellt habe, wenn sie von einer Beziehung fast übergangslos in die nächste rutschten – aber Regeln gibt es nicht, Wunder geschehen. Vielleicht war ich auch nur neidisch.

Nach meiner Erfahrung dauert das akute hysterische Trauern inklusive zerbrochenem Glas und Selbstzerfleischung circa drei Wochen. Danach sollte man mit dieser Phase abschließen. Zwei Wochen Heulen sind völlig ausreichend, dann wird es Zeit, sich in eine neue Richtung zu manövrieren. Etwa zwei Monate nach Ende der Beziehung kann man sein soziales Leben wieder völlig im Griff haben, ohne dabei die Herzensgefühle zu verdrängen.

Über diesen Zeitraum hinaus wird man wiederholt die verschiedenen Phasen des Bedauerns durchlaufen: den Wunsch, den Mann zurückzuholen, den Wunsch, überhaupt eine Beziehung zu haben, die Angst vor den Anforderungen der Gegenwart und Zukunft, die Wut auf den Ex. Doch jetzt bereiten diese Emotionen keine tagelange Zermürbung mehr, sondern tauchen mehr als *flashes* auf. Wie man mit diesen kleinen Schocks umgeht, beschreibe ich ein paar Seiten weiter. Daß man mit ihnen umgeht, ist eminent wichtig, denn sie erweisen sich als hartnäckig und dauerhaft.

Die Mini-Schocks werden eine Weile bei uns bleiben, wir werden auch nachts Rückholträume träumen. Aber es ist nicht mehr so schlimm, wenn wir die Gefühle als Signale begreifen, die uns auffordern, etwas zu ändern und wieder Land zu gewinnen. Eine Liebe, die einmal groß für uns war, ist nicht einfach auszuradieren, als sei sie nie dagewesen.

(More than) 15 ways to be left by your lover: Loslassen

»Your heart is not open, so I must go.
The spell has been broken … I loved you so.
Freedom comes when you learn to let go.
Creation comes when you learn to say no.
I want to go higher … There's no greater power
than the power of goodbye.«
Madonna

Bevor ich Ihnen im letzten Kapitel noch einige wichtige langfristige Strategien mit auf den Weg gebe, hier erst mal eine Checklist zum Loslassen. Verinnerlichen Sie diese Liste, oder reißen Sie sie heraus und tragen Sie sie mit sich herum. Die Veränderung, die Sie mitmachen, ist, wenn man es freundlich ausdrückt, ein Lernprozeß, in dem Sie Ihr Wörterbuch dabeihaben sollten. Drastischer formuliert, machen Sie eine Gehirnwäsche durch: Es ist auf jeden Fall besser, im Bewußtsein ein paar Weichen zu stellen, als das Leid jahrelang mit sich herumzuschleppen. Außerdem: Die Knöpfe in Ihrem Kopf können nur Sie selber drücken. Ich habe Allen Carrs Nichtraucherbuch schon einige Male erwähnt. Alle Leute, die es gelesen haben, trugen es die meiste Zeit bei sich, um in einer schwachen Minute schriftliche Bestätigung oder einen Kurzspülgang Gehirnwäsche zu bekommen. Ich empfehle für dieses Buch dasselbe. Und insbesondere für die folgenden Tricks, die Ihnen helfen sollen, Ihre schlechten Gefühle umzubewerten und schließlich loszuwerden.

- Üben Sie in den Bereichen Kontrolle aus, über die Sie Kontrolle haben.
- Schreiben Sie Ihre Gefühle auf.
- Gehen Sie raus, und isolieren Sie sich nicht.

- Nutzen Sie die negativen Energien als Triebkraft.
- Machen Sie Urlaub von der Depression, indem Sie sich zum Lachen bringen (lassen). Ein Freund von mir hatte seinen ersten Trennungs-Lacher in dem Restaurant, in dem sein Freund ihm gerade den Laufpaß gegeben hatte (Restaurant-Trennungen sind übrigens eine Unsitte). Als der Kellner kam und fragte: »Zusammen oder getrennt?«, antwortete er: »Getrennt. Gerade eben.«
- Wenn es zu hart für Sie wird, in Ihrem Elend allein zu sein, quartieren Sie sich Freunde oder Familie ein. Wenn Sie jemanden brauchen (den Ex ausgenommen), lassen Sie es den/die betreffende Person auch wissen. Sie müssen nicht allein sein!
- Üben Sie in den Bereichen Kontrolle aus, über die Sie Kontrolle haben.
- Bewegen Sie sich, verausgaben Sie sich sportlich.
- Übertragen Sie Ihre Gefühle in kreative Arbeit (Körbeflechten).
- Lassen Sie die Tränen fließen, wenn sie denn fließen wollen.
- Üben Sie in den Bereichen Kontrolle aus, über die Sie Kontrolle haben.
- Machen Sie sich (autosuggestiv) klar, daß Sie es wert sind, geliebt zu werden und Liebe zu geben.
- Pflegen Sie sich, damit Sie nicht auch noch so mies aussehen, wie Sie sich fühlen.
- Kommen zu viele schöne Erinnerungen an die Partnerschaft in Ihnen hoch, dann beschwören Sie eine schlechte Erinnerung (Streit, schlechter Sex etc.) herauf.
- Plagen Sie Erinnerungen an die Situation der Trennung oder denken Sie zu häufig an schlechte Momente in der Beziehung, dann machen Sie einen Comic daraus. Stellen Sie sich die Situation mit Helium-Stimmen vor, machen Sie aus Ihrem Ex etwas Lächerliches (ich vertraue hier voll auf die unbändige Kraft Ihrer Phantasie). Je mehr Sie die Vorstellung

ausspinnen, desto wirksamer wird sie und desto mehr wird das schlechte Gefühl entkräftet. Ich schwöre, das wirkt Wunder.

- Beschäftigen Sie sich mit *neuen* Dingen, früher oder später schaffen Sie es, Ihre Zeit sinnvoll zu füllen.
- Orientieren Sie sich an zukünftigen Zielen, so bringen Sie die Vergangenheit zum Ruhen.
- Setzen Sie sich Fernziele für den Fall, daß Sie ein Kurzstreckenziel erreicht haben. Seien Sie nie ziellos.
- Habe ich das schon gesagt? Üben Sie in den Bereichen Kontrolle aus, über die Sie Kontrolle haben.

Craig Nelson sagt: »Ob kurz oder lang – akzeptieren Sie die Dauer einer Beziehung, und betrachten Sie die Beziehung rückblickend, so wie sie war, und nicht so, wie Sie sie gerne gehabt hätten.« Dieses Verständnis jetzt aufzubringen mag Ihnen noch schwer vorkommen, aber lassen Sie es sich nicht nehmen, eines Tages auf die Beziehung und ihr Ende als wichtigen Entwicklungsschritt in Ihrem Leben zurückzuschauen. Eines Tages werden Sie rückblickend nicht mehr schlechtmachen müssen, was einmal gut für Sie war, selbst wenn dieser Trick im Moment noch hochgradig therapeutisch ist. Wenn Sie im Moment noch zu voll der Trauer sind, um sich auf die Vorschläge einzulassen, die ich Ihnen präsentiert habe beziehungsweise die im nächsten Kapitel folgen, seien Sie so gut und nehmen Sie das Buch in zwei Wochen wieder zur Hand und probieren Sie es aus, wenn Sie aus der ersten, zweiten oder dritten akuten Heulphase heraus sind. Aber ich denke, mit dem Heulen hat es sich schon etwas gelegt, sonst würden Sie jetzt nicht lesen …

Get on with it – get happy!

»Forget your troubles, come on get happy –
you gotta chase all those cares away!«
Judy Garland

Ich habe schon betont, wie wichtig Trauerarbeit ist, aber sie darf nicht ewig währen. Es ist nicht notwendigerweise »Verdrängung«, wenn wir nach einem halben Jahr Elend, Konfrontation und Trauerarbeit beschließen, den Typen aus unseren Gedanken zu bannen – es ist in der Tat Loslösung und Befreiung, verdiente Abwechslung.

Wir kennen alle diverse mehr oder weniger aufwendige Mittel und Wege, uns in eine bessere Stimmung zu bringen. Sei es für immer oder auch nur eine halbe Stunde. Ja, machen Sie sich ruhig eine Liste! Im folgenden einige Vorschläge, am eigenen Leib erprobt und für empfehlenswert befunden:

- Fahrradfahren, Inlineskating, Laufen, Schwimmen, Eiskunstlauf usw.
- ›Absolutely Fabulous‹ oder ähnlich hysterische Comedies schauen.
- Masturbieren, masturbieren, masturbieren!
- Frisieren, frisieren, frisieren!
- Ein Gespräch mit dem besten Freund/der besten Freundin führen und den Ex mit keinem Wort erwähnen!
- Sich selber Blumen kaufen.
- Den besten Freunden Blumen kaufen.
- Doris-Day-Filme schauen.
- Marilyn-Filme schauen – *Blondes bring more fun!*
- Eis essen.
- Chips essen.
- Lecker kochen und essen.
- Schaukeln. Ich empfehle die Anschaffung einer Holly-

woodschaukel. Schmeißen Sie Ihr altes Sofa auf den Sperrmüll, und investieren Sie in ein attraktives Gartenmöbel, das Sie mit ein wenig Phantasie und geschickten Händen zu einem grandios-innovativen Blickfang Ihres Wohnzimmers umfunktionieren können. Legen Sie Wert auf gute, bequeme Polster. Wer einmal eine Hollywoodschaukel besessen hat, wird nie wieder darauf verzichten wollen. Es gibt kein entspannenderes Möbelstück! Außerdem werden Sie mit dem erstmaligen Zusammenbauen ungefähr vier Stunden beschäftigt sein, in denen Sie ob der stümperhaften Anleitung eine derartige Wut und Verzweiflung verspüren, die die Trauer über ihren Ex nach Pipifax aussehen läßt! Sich dann im Selbstgebauten durch sanftes Schaukeln wieder zu beruhigen ist ein traumhaftes Erlebnis.

• Jemand Fremdes freundlich anlächeln und ein Lächeln zurückbekommen, zum Beispiel SupermarktkassiererIn, BusfahrerIn usw.

• Karitative Arbeit erfüllt den gleichen Zweck in noch stärkerem Maße – *make someone happy*! Bei meiner letzten Trennung habe ich das Karitative mit dem Rachsüchtigen verbunden und ein Zeitschriften-Abo, das ich meinem Ex zu Weihnachten geschenkt hatte, umschreiben lassen auf ein katholisches Altenpflegeheim. Ich weiß, daß es sich nicht gehört, Geschenke zurückzunehmen, aber diese kleine Verletzung der Etikette hat mich (und die Heimleitung und die Pflegepatienten und meinen gesamten Freundeskreis) sehr heiter gestimmt. Und *let's face it*: Geschenk-Abonnements sollten nicht länger dauern als Beziehungen, es sei denn, man verspürt eine Befriedigung darin, daß der Ex einmal im Monat an uns erinnert wird. Sie können Menschen in Krankenhäusern eine wirkliche Freude bereiten, wenn Sie sich zum Beispiel von der schrottigen Literatur trennen, die Ihr Ex Ihnen geschenkt hat. (»Schrottige Literatur« verschenken in der Regel Männer, die die ›Stadtgeschichten‹ von Armistead

Maupin als »hohe Literatur« kategorisieren und glauben, bei ›Homo faber‹ von Max Frisch handele es sich um einen schwulen Roman.)

- Eine Stunde früher von der Arbeit gehen und wild shoppen.
- Eine Stunde früher zur Arbeit gehen und alles Unerledigte in einem Aufwasch abarbeiten.
- Sie warten sicher schon drauf: Ja! Bärbel Schäfer schauen.
- Und auch dies: der Mutter einen Brotkorb flechten!
- Tanzen.
- Mal was ganz anderes machen.
- Jemand auskitzeln.
- Unter Leute gehen und jedem und jeder gute Absichten und eine wertvolle Seele unterstellen. Und das ernst meinen!

Sicher fallen Ihnen noch unzählige weitere Möglichkeiten ein, sich aus der Apathie zu lösen. Wenn Ihnen die Vorschläge nicht reichen und Sie einfach nicht aus Ihrer Trauer herauskommen, kann ich Ihnen wieder die Orientierung an Rollenmodellen ans Herz legen. Zu sehen, daß es jemand anderem in einer bestimmten Lebenssituation schlecht ging und der/die sich aus seiner/ihrer Misere befreit hat, befriedigt einerseits das Bedürfnis nach Identifikation. Andererseits verstärkt es den Impuls, sich selber zu retten, anstatt zu warten, daß das jemand anderes für uns übernimmt. Ein solches Warten kann sich lange hinziehen. Ich kann in diesem Zusammenhang etwas aus meinem Frühwerk empfehlen: Désirée Nicks ›Bestseller einer Diva: Seit Jahren vergriffen‹. (Lassen Sie sich nicht von meiner Erzählfigur in besagtem Bestseller irritieren – das war eine *Kunst*figur! Außerdem war ich jung und brauchte das Geld.)

Aber auch Albert Schweitzer, Mutter Teresa und Inge Meysel haben uns etwas zu sagen! Pilgern Sie in die Biographie-Abteilung Ihres liebsten Buchladens, aber greifen Sie bitte nicht zu den Memoiren von Menschen, die ihrem Leben eigenhändig ein Ende gesetzt haben! Statt Romy, Judy, Marilyn lieber Hilde, Marlene, Whoopi. Oder auch Georgette, Lilo, Rosa, Lotti. Noch etwas, betrachten Sie es doch einmal so: Sie sind nicht etwa solo – Sie sind zwischen zwei Beziehungen!!!

Post-Ex-Sex

»Gimme gimme gimme a man after midnight –
won't somebody help me chase the shadows away.«
Abba

Der erste Sex nach der Trennung kann einem durchaus etwas seltsam vorkommen. Es ist normal, daß man Vergleiche anstellt, was Anatomie und Leistung angeht. Bestenfalls hat man einen besseren Lover als seinen Ex im Bett, schlimmstenfalls werden sehnsüchtige Erinnerungen an ein befriedigenderes Sexleben wach. Das sollte einen nicht davon abhalten, dafür zu sorgen, daß es ein geiler Fick wird.

Sie sind wieder *back in the business* – das ist doch immerhin schon was. Und es kann nicht schaden, den Nachholbedarf zu stillen. Werden Sie nicht allzu wahllos. Oder meinetwegen auch das, wenn es Ihnen hilft, über den Ex hinwegzukommen, und Sie auf dem Weg nicht Herzen brechen. Das Gefühl, wieder begehrt zu sein, ist wohltuend. Daß jemand Sie begehrt, beweist, daß Sie nicht mehr wie das Leiden Christi zu Pferd aussehen. Oder es bedeutet, daß Sie einen Blinden abgeschleppt haben.

Vielleicht lernen Sie auch auf diesem Weg Ihren nächsten Lover kennen – oder den Mann, mit dem Sie die nächsten Jahre glücklich sein werden. Wenn Sie in der Szene einen Mann treffen und am gleichen Abend abschleppen, ist die

Erwartung jedoch in der Regel ein One-night-stand, nicht die Ehe. Meine Tante Frieda pflegte zu sagen: »Drum prüfe, wer sich ewig bindet, ob er nicht noch was Bess'res findet.« Stürzen Sie sich nicht gleich in eine neue Beziehung, wenn Ihr Herz noch für den Ex pocht. Das wäre nicht nur dem neuen Mann gegenüber hochgradig unfair, Sie lügen sich auch selber in die Tasche. Es gibt kaum etwas Nervigeres, als mit einem Mann liiert zu sein, der pausenlos Geschichten von seiner letzten Beziehung erzählt. Übrigens: Meine Tante Frieda starb im hohen Alter – unverheiratet. Man kann es mit dem Ausprobieren auch übertreiben. Letztlich sollte die Prüfung nicht nur die Kompatibilität des neuen Mannes beinhalten, sondern in erster Linie die des eigenen Herzens.

Es gibt einen noch blöderen amerikanischen Spruch: »My mama told me not to fuck on the first date.« Mama hat, zumindest wenn es um Beziehungsfindung geht, recht. Wenn ich von einem Mann mehr wollte als einen Fick und er auch mehr von mir, dann konnten wir beide bis zum zweiten Date warten. Wenn Sie Liebe und Partnerschaft erwarten und im Gegenüber an dieselbe Sehnsucht appellieren möchten, setzen Sie ein entsprechendes Signal. Nehmen Sie ihn nicht gleich mit nach Hause, sondern tauschen Sie Telefonnummern aus. Und scheuen Sie sich nicht, gegebenenfalls bei ihm anzurufen. Machen Sie nicht den Fehler, ihm einen Zettel in die Hand zu drücken und dann schamesrot das Weite zu suchen, ohne mit ihm ein paar Worte gewechselt zu haben. Wenn Ihnen nichts einfällt, über das Sie mit ihm smalltalken können, dann sind Sie entweder sehr klemmig oder er interessiert Sie nicht ausreichend – keine gute Grundlage für eine Beziehung. Genießen Sie bis zur nächsten Beziehung, was Sie kriegen können.

Das folgende Lied, dessen deutschen Text Georgette Dee verfaßt hat, zählt sicherlich zum Standard in allen Trennungsfragen und sollte auf keiner Selbstmotivations-Kassette fehlen (es sei denn, ihr Ex heißt Matthias oder Jack).

Wenn deine Küsse

Ach du liebe Zeit, wenn eine Freundin greint
Weil ihr Saftbock sie verließ
Spür ich nur die Lust zu sagen:
»Sei keine Gans, du Gans!
Schluß mit dem Geschrei und der Jammerei
Du gewinnst überhaupt gar nichts damit
Das ist keine Art und Weise
Sein Herz neu zu erglühn
Was soll denn das Gejammer
Sich an den Mann zu klammern
Wenn er sich um dich schert 'nen Dreck!
Wenn deine Küsse ihn nicht halten können
Deine Tränen bringen ihn nicht zurück
Sei lieber wieder lustig
Anstatt verheult und krustig
Nur weil er glaubt, er braucht sein Glück
Wenn deine Küsse ihn nicht halten können
Deine Tränen bringen ihn nicht zurück.
Hör zu, du: Wenn deiner Küsse Voodoo
Deinen Mann nicht mehr verhext
Na, was kannst du denn erwarten –
Als kalter Sonntagsbraten
Wenn du deinen Kopf in den Ofen steckst
Fang an dich selbst zu pflegen
Ins Schaumbad dich zu legen
Du bist doch selbst dein bestes Stück!
Und wenn deine Küsse ihn nicht halten können
Deine Tränen bringen ihn nicht zurück

Sag mir, mein Liebes, weshalb weinst du überhaupt? Du könntest genausogut über das zerbrochene China-Porzellan heulen. Wenn er kalte Füße kriegt, deine Tränen werden sie nicht aufheizen. Und eins möcht ich dir sagen, es gibt kein sichereres Rezept, einen Mann aus dem Haus zu treiben, als eine verheulte Fresse. Lach, und die Welt lacht mit – wein, und du schläfst allein. Liebe ist wie Selbstgebackenes, gut und reichlich, und welcher Mann mag nicht noch mal einen Haufen Schlagsahne auf den Süßkram drauf?! Und wenn du rausfindest, daß er dich bescheißt und betrügt auch noch am Ende, dann geh raus und mach dasselbe! Seit Jahren wartest du auf diese Chance! Tränen, meine Liebe, werden dir nichts bringen als eine rote, glänzende Nase! Also puder ab, mach dich schön, geh raus – Party! Männer kriegst du zu Tausenden. Betrogene Frauen haben Sorgen – hah! Das ist der Grund, wofür Gott Matrosen erschaffen hat!

Also hör auf zu heulen
Und hol dir einen Neuen
'nen geilen Matthias oder Jack
Und wenn dir seine Küsse dann nicht mehr
geil genug sind
Na, dann schmeiß ihn einfach weg!

Zwischenbemerkung: Rilke

»Darum, lieber Herr, lieben Sie Ihre Einsamkeit,
und tragen Sie den Schmerz, den sie Ihnen verursacht,
mit schön klingender Klage. Denn die Ihnen nahe sind,
sind Ihnen fern, sagen Sie, und das zeigt,
daß es anfängt, weit um Sie zu werden.«
Rainer Maria Rilke

Rilkes ›Briefe an einen jungen Dichter‹ haben mich von Jugend an begleitet, und der oben zitierte Satz ist oft die Motivation für Texte gewesen, die ich verfaßt habe. Wenn ich schon litt, dann wollte ich wenigstens in der angemessenen Ausdrucksform leiden, und zwar »schön klingend«.

Bei diesem Buch ging es mir nicht in erster Linie darum, schön zu klingen, sondern Erfahrungen so ehrlich wie möglich zu teilen und Hinweise zu liefern. Wäre ich gemein, würde ich sagen, daß die Beziehung, die zu Bruch ging und den Grundstein für dieses Buch lieferte, es nicht wert war, als Roman veredelt zu werden, sondern »nur« einen Ratgeber hervorbrachte. Dabei würde ich allerdings verschweigen, daß ich einen ganzen Schuhkarton mit poetischen und prosaischen Texten aus dieser Liebe gefüllt habe. Rilkes Satz war für mich immer Anregung dazu, mit meinen Gefühlen auf anderen Ebenen zu arbeiten – so, wie ich Ihnen im Vorwort vorschlug, Voodoo-Püppchen zu basteln, Bilder zu malen oder Körbe zu flechten, Briefe zu schreiben oder Tagebuch zu führen. Das wäre genau solch ein Prozeß der Übertragung. Fazit: Wenn wir schon Leid ausgesetzt sind, dann sollten wir etwas daraus machen. Leid kann eine Triebfeder sein, ein »Veredler«. Die großen Liebesgeschichten der Weltliteratur und des Kinos sind unglückliche Liebesgeschichten. Wir befinden uns also in bester Gesellschaft, wenn wir sitzengelassen worden sind. Scarlett O'Hara ging es nicht anders. Rick setzte Elsa in den Flieger und begann eine wunderbare Freundschaft mit einem schmucken Polizisten.

Im folgenden Kapitel möchte ich Ihnen nun noch mit auf den Weg geben, wie Sie die Trennung für sich in einen konstruktiven Neuanfang verwandeln können.

Der Wiederaufbau

»Gott ist mein Zeuge! Gott ist mein Zeuge!
Ich lass' mich nicht unterkriegen,
ich will es überstehen.«
Scarlett O'Hara

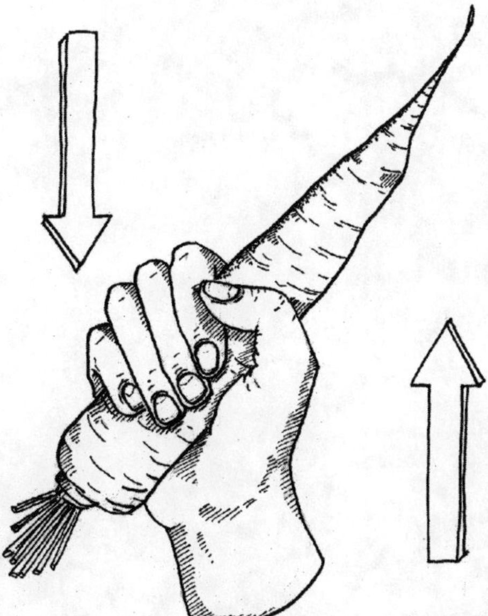

Reality bites

»This, too, shall pass.«

Ich bin schon darauf eingegangen, was für einem massiven Schwung konfuser Gefühle derjenige ausgesetzt ist, der sitzengelassen wurde. Die ersten Wochen sind einfach eine komplette Überwältigung, in der es kaum denkbar scheint, jemals wieder normal leben zu können, geschweige denn, sein Ego erneut zu boosten. Mein Lieblingssatz diesbezüglich stammt aus dem Film ›Die Hochzeit meines besten Freundes‹. Julia Roberts sieht in bezug auf ihre große Liebe ihre Felle davonschwimmen und sitzt rauchend in einem Hotelflur, in dem Zigarettenverbot herrscht. Ein Hotelangestellter kommt vorbei und will ihr das Rauchen verbieten. Als er sieht, in welcher Verfassung sie ist, hockt er sich zu ihr, nimmt einen Zug von ihrer Zigarette und sagt: »This, too, shall pass« (Auch das geht vorbei). Vielleicht ein schwacher Trost, aber die pure Wahrheit und letztlich doch tröstlich. Sobald man die erste Zeit des kraftlosen Erleidens hinter sich hat, kann man sich der Bandbreite des schlichten Sprichworts öffnen. Wir haben es nicht umsonst so weit gebracht. Wir sind zwar emotional weit, weit unten, aber können uns sehr wohl wieder aufrappeln.

Ingrid Caven singt in Jean Jacques Schuhls Lied ›Das Lalala‹ den gleichen Trost. Dieses Lied gehört zu meinen liebsten Aufbau-Mantren, weil es das Lapidare am Leben und Erleben ausdrückt.

Das Lalala

Während dieser ganzen Zeit da
Singe ich das Lalala
La, la, la, la, la, la, la
La, la, la, la, la
Und die Zeit, die bleibt nicht stehn
Und all das da wird vergehn
La, la, la, la, la, la, la
Auch ich bin dann nicht mehr da
Doch während dieser ganzen Zeit da
Höre ich dies und höre ich das
Sehe ich all die Dinge da
Und singe lalala
Man wird tanzen die Musik Lala
Man wird singen Lalala
La, la, la, la, la, la, la
Und ich bin dann auch nicht mehr da.

deutsch von *Ingrid Caven*

Das Ende des Buches, der Neuanfang für Sie

»Ich hab mir kürzlich das Hirn neu einrichten lassen. Kognitiver Tapetenwechsel. ... Ist alles ganz hübsch geworden, aber an manchen Tagen wach ich auf, schau mich um und betrachte mir den Anstrich, die neuen Möbel, die neuen Teppiche und Gobelins und brauche ein oder zwei Minuten, bis ich weiß, wo ich bin; ich fühl mich einfach nicht wie zu Hause.«

Tom Robbins

Der amerikanische Selbsthilfeguru Anthony Robbins hat in seinem Buch ›Awaken the Giant within‹ jede Menge Rüstzeug für Neuanfänger mitgeliefert und mir einige erstaunliche, beruhigende Einsichten vermittelt, die ich Ihnen nicht vorenthalten möchte.

Er bezeichnet die gewaltigen Gefühle, die jetzt, in der Zeit des Verlassenseins, wie auch in jeder anderen schwierigen Lage in uns wüten, als Signale. Und zwar als Signale, die man zum Anlaß nehmen sollte, zu agieren! Er gibt Definitionen dieser Emotionen sowie das jeweilige Gegenmittel zu dem negativen Signal. Nachdem ich diese Seiten gelesen hatte, war ich schlagartig sehr viel ruhiger als vorher, das Gefühl der Panik trat zum ersten Mal seit langem in den Hintergrund. Ich wende die wichtigsten dieser von ihm beschriebenen Gefühle im folgenden auf die Situation des Sitzengelassenwordenseins an.

Angst ist die Erwartung einer Situation, die in der Zukunft eintreten wird, auf die man vorbereitet sein muß. In unserem Falle ist es in der Regel die Angst vor dem Alleinsein. Ich habe schon an anderer Stelle gesagt, daß wir tatsächlich nicht allein sind, nur weil unser Mann uns den Laufpaß gegeben hat.

Wir sind ohne ihn, aber das waren wir auch, bevor wir ihn kennenlernten, und so schlecht ging es uns da nicht.

Das Gegenmittel zur Angst ist *Vertrauen*. Schluß mit der Panik, daß wir bis ans Ende aller Tage ohne Partner sein werden – das ist sehr, sehr unwahrscheinlich. Irgendwann müssen wir aufhören, auf die beendete Beziehung zurückzublicken, und statt dessen in die Zukunft schauen. Und wieder hoffen und vertrauen. Das geht am besten, wenn wir uns auf unser kreatives, produktives Potential konzentrieren – die Zeit kommt!

Schmerz ist die Folge von Verletzung, Enttäuschung und Verlust. Das Gegenmittel: Haben wir wirklich *nur* verloren? Es gibt Gewinne, nur braucht es ein bißchen Zeit, bis es einem klar wird. Ein Gewinn ist, daß wir die Situation überleben, stärker werden, daß sie uns Schubkraft verleiht, an uns und aus uns heraus zu arbeiten.

Wut ist ein Zeichen dafür, daß ein wichtiger Standard in Ihrem Leben verletzt, daß eine Grenze eingerissen wurde. Das Gegenmittel ist, sich zu fragen, inwiefern man seine Standards ausreichend klargemacht hat. Die Standards und Richtlinien, die man sich setzt, sind nicht universal, sondern individuell. Es kann jemand wütend werden, und wir sehen keinen Grund, warum. Sie sind allerdings verständlicherweise wütend, weil Ihnen jemand seine Liebe entzogen hat. Aber wenn in ihm die Liebe für Sie nicht mehr existiert oder sich in eine freundschaftliche Liebe verwandelt hat, dann bleibt Ihnen nichts übrig, als es hinzunehmen. Meine Empfehlung in diesem Fall: Gönnen Sie sich einen Tag, an dem Sie sich Rachephantasien für Ihren Ex ausdenken. Einen Tag, nicht mehr. Aber dann bitte schön auch den ganzen Tag. Belassen Sie es auf der Phantasie-Ebene! Auch Wut ist eine kreative Triebfeder.

Bei der Entwicklung von Rachephantasien erreicht man früher oder später absurde Momente, und die Wut schlägt in

Humor um. Ich habe mir bildlich und bis ins kleinste Detail ausgemalt, meinen Ex, der die *Daily Talk-Shows* zutiefst verabscheut, unter falschem Vorwand zu Bärbel Schäfer einladen zu lassen, um ihn dann lustvoll zu demontieren. Ich habe Tränen gelacht!

Frustration bedeutet zu wissen, daß man besser sein und mehr geben könnte, aber man kriegt den Arsch nicht hoch. Gegenmittel sind die Auseinandersetzung mit positiven Rollenmodellen und ein Ändern der Strategien. Eines meiner Rollenmodelle war Barbra Streisands ›Yentl‹. Yentls Liebe zu Avigdor bleibt unerfüllt, aber sie startet zum Ende des Films (allein) in eine verheißungsvolle Zukunft – und schmettert dabei noch ›A Piece of Sky‹, ein Hymne auf die Möglichkeiten, die sich ihr nun bieten: »The more I live – the more I learn, the more I learn, the more I realize, the less I know … each mile I travel only means the more I have to go. What's wrong with wanting more? If you can fly – then soar! With all there is – why settle for just a piece of sky?«

Auf eine bestimmte Art und Weise hat es nicht geklappt. Es gibt jedoch andere Mittel und Wege, ans Ziel zu gelangen. Also – Arsch hochkriegen. Unkonventionell entscheiden. Sich selbst überraschen. Shirley MacLaine gab in einer TV-Show folgenden Rat an ihr Publikum: »And first thing tomorrow morning: do something outrageous!« (Das erste morgen früh: Tun Sie was Wildes!) *Do it!* Ein Freund von mir nahm kürzlich mit dieser Motivation an einem Karaoke-Wettbewerb teil und strahlt noch heute über beide Ohren, wenn man ihn darauf anspricht. Leider hatten wir eine Quid-pro-quo-Vereinbarung, und das nächste Mal bin ich reif. Wahrscheinlich grinst er deshalb.

Enttäuschung beschreibt den Zustand, wenn eine Erwartung nicht erfüllt wurde. Was tut man dagegen? Man sucht sich neue Erwartungen. Nicht unbedingt gleich »ein neuer Mann muß her«, sondern kurzfristigere Ziele, die man schnell ereichen kann und die einem Bestätigung geben. Außerdem sollte man im Hinterkopf behalten, daß eine Enttäuschung kein Hinderungsgrund ist, es erneut zu probieren. Eine Hoffnung mag unerfüllt geblieben sein, aber nichts spricht dagegen, daß sie eines Tages doch noch erfüllt wird. Geduld!

Minderwertigkeit bedeutet, sich in einer bestimmten Situation wertlos und unfähig zu fühlen. Vor dem Hintergrund, verlassen worden zu sein (oder vielleicht auch betrogen), fühlen wir uns entwertet und entwürdigt. In den Augen des anderen sind wir nicht »der Richtige«, doch selbst unser Ex würde uns wahrscheinlich nicht einmal in seinen wildesten Träumen als »minderwertig« bezeichnen. Daß wir in der beendeten Beziehung »gescheitert« sind, muß jedoch nicht bedeuten, daß wir in allen weiteren Partnerschaften ebenfalls Pech haben werden. Wenn wir uns auf unsere Fähigkeiten konzentrieren und uns bemühen, Fehler, die wir gemacht haben, nicht wieder zu machen, gibt es keinen Grund, sich minderwertig zu fühlen. Sich inadäquat zu fühlen ist Aufforderung, bestimmte Strategien und Denkweisen zu kultivieren, bis wir uns adäquat fühlen. Und nur weil *ein* Mensch uns zurückweist, heißt das nicht, daß der Rest der Welt auf den Zug aufspringt!

Trauer tritt ein, wenn man mit einer Situation so überfordert ist, daß es schwerfällt, ihr positive Aspekte abzuringen. Man hat keine Kontrolle mehr, fühlt sich dem Schicksal ausgeliefert. Jemand stirbt, hinterläßt eine Lücke, jemand verläßt einen, und auch sein Platz bleibt vorerst leer. Hier bleibt einem nichts anderes übrig, als zu entscheiden, was einem nun das Wichtigste im Leben ist. Chips fressen und Game-Shows schauen sollte es nicht sein, zumindest nicht längerfristig. Einen geliebten Menschen durch einen geliebten Menschen »ersetzen« ist auch nicht der richtige Weg; Partner sind nicht austauschbar. Wenn wir jemanden verloren haben, ist es hilfreich, sich in kleinen Schritten bestimmten Aufgaben zu stellen. Man hat sehr wohl noch Ideale, Prioritäten, Interessen. Es gilt, sich in den Bereichen, die man noch unter Kontrolle hat, zu beweisen.

Meine Heldin Joan Rivers hat, nachdem sich ihr Mann das Leben genommen hatte, ihre Talk-Show abgesetzt war, ihr Juwelengeschäft Pleite gemacht hatte und sie als Kassengift in den Theatern galt, genau das getan: Da, wo sie auch nur ein Fitzelchen Kontrolle hatte, hat sie diese ausgeübt. Und, als sie wieder obenauf war, verfaßte sie das wundervolle Buch ›Bouncing Back‹, in dem sie ihre Erfahrungen mitteilte.

Das A und O des Überlebens ist, sich selbst und seinen Gefühlen gegenüber ehrlich zu sein. Die große Gefahr ist, in Gefühlen verhaftet zu bleiben, ohne ihr Potential zur Veränderung zu erkennen. Robbins bezeichnet die oben definierten Scheußlichkeiten als Signale. Wenn wir wissen, warum wir uns fühlen, wie wir uns fühlen, sprich: die Signale verstehen, dann können wir uns einen Schritt weiterbegeben und uns aus unserer Starre lösen.

Manage the damage

»Here's my story – no risk, no glory …« *Madonna*

Auch Robbins ist ein großer Freund von Listen, und die nun folgende Aufgabe ist auf seinem Mist gewachsen (»auf dem Mist wachsen«: auch ein schönes Sinnbild). Bei ihr geht es darum, eine Perspektive für die Zukunft zu entwickeln. Die Aufgabe kommt Ihnen vielleicht bekannt vor, aber machen Sie noch einmal mit. Sie werden sehen, es lohnt sich. Ich fand es unglaublich therapeutisch, so konstruktiv an mein neues Solo-Leben heranzugehen. Also bitte, holen Sie vier Blatt Papier (eines für jedes Herz, siehe Prolog) und einen Kuli, und wir legen los.

Ich möchte Sie bitten, ein paar Wünsche zu formulieren. Besser noch jede Menge Wünsche. Auf dem ersten Blatt haben Sie Gelegenheit, sich die Ziele zu notieren, die Sie in Ihrer persönlichen Entwicklung anstreben. Mit dem Rauchen aufhören, eine große Liebe zu leben, einen Hund zu trainieren, spirituell zu werden etc. Träumen Sie drauflos – schreiben Sie alles, wirklich alles auf, so absurd es Ihnen vorkommen mag. Pausieren Sie nicht. Geben Sie sich dem *brainstorm* hin. Persönliche Ziele – und los!

Wenn Sie der Meinung sind, es fällt Ihnen nichts mehr ein, dann machen Sie nun aus Ihren Wünschen einen Jahresplan! Notieren Sie hinter jeder Notiz eine Zahl. Was Sie innerhalb eines Jahres verwirklichen wollen, versehen Sie mit einer Eins, was in fünf Jahren mit einer Fünf usw.

Jetzt schauen Sie sich die Ein-Jahres-Ziele an, und wählen Sie eines aus. Ich bitte Sie jetzt, sich auf das Ziel zu konzentrieren und einen Mini-Aufsatz zu verfassen, in dem Sie Ihr Ziel definieren und aufzeigen, wie Sie es erreichen wollen. Schreiben Sie, warum es Ihnen wichtig ist und welches die möglichen Strategien sind, dorthin zu gelangen. Seien Sie vermessen – trauen Sie sich etwas zu. Alles ist möglich, wenn man das Vertrauen hat, es zu verdienen. Sie können alles erreichen. Jeder kann das. Es ist einzig eine Frage des Einsatzes.

Verfahren Sie auf den anderen drei Blättern ebenso, und zwar zu folgenden Themenkreisen:

- Beruf und Karriere
- Freizeit und Abenteuer
- Öffentliches Wohl. Denn tatsächlich – wissen Sie, was richtig guttun kann? Jemand anderem gutzutun. Sei es eine Pflegschaft zu übernehmen, im Krankenhaus zu volontieren oder in einem Altenheim Blumen zu verschenken. Ob ich das ernst meine? Jawohl!

Wenn Sie diese Aufgabe absolviert haben, notieren sie Ihre vier Jahresprogrammziele und tragen Sie sie immer bei sich. Arbeiten Sie darauf hin, sie zu erreichen. Sie werden sehen, wie gut es tun kann, einen Plan zu haben. Abhaken macht nahezu glücklich. Ich habe meinen Jahresplan zur Erinnerung an den Spiegel geklebt und bereits einige Ziele erreicht. Wenn ich ein Stichwort streiche, dann nehme ich mir die Listen wieder vor und kümmere mich um den nächsten Punkt. Sie sehen, mir ist nie langweilig.

Scarlett O'Hara

»Nur nicht aus Liebe weinen,
es gibt auf Erden nicht nur den einen Grund zum Heulen.
Es gibt so viele auf dieser Welt.
Ich weine immer, wenn's mir gefällt.«
Fassung von *Georgette Dee*

Kürzlich sah ich mir mal wieder ›Vom Winde verweht‹ an. Scarlett O'Hara ist am Anfang des Films nichts als eine arrogant-intrigante Pubertäts-Tussi, die hinter einem Weichei namens Ashley Wilkes her ist. Ashley aber heiratet seine milde Cousine Melanie, weil Inzest in seiner Familie zum guten Ton gehört. Das ist in den Südstaaten Tradition gewesen und, vom schlechten Karma ganz zu schweigen, vielleicht der Grund dafür, warum sie sich haben davonwehen lassen. Scarlett heiratet aus Rache jemand, für den selbst die Bezeichnung Weichei noch zu hart ist. Sie ist so fixiert auf und verklammert mit Ashley, daß sie den für sie adäquaten Mann, Rhett Butler, gar nicht wahrnimmt. Noch in der ersten Filmhälfte verliert Scarlett neben dem Mann, den sie liebt, auch noch ihre Mutter, ihren Vater, ihre Reichtümer – und hat sich in eine absolut entsetzliche Situation manövriert, insofern sie ihre Rivalin, die schlaffe Melanie, am Hacken hat. Zum Ende des ersten Aktes schwört sie bei Gott: »Ich werde nie mehr Hunger leiden« (ihr Fünf-Jahres-Plan). Durch ein paar geschickte Heiraten und Verwitwungen, durch Intrigen, Mord und Betrug ist sie bald wieder finanziell auf der Höhe. Dann ringt sie auch noch Ashley ein Liebesgeständnis ab und wählt letztlich – zu Recht – Rhett Butler. Da sie aber prinzipiell eine schwierige Zicke ist, vermasselt sie es sich auch mit ihm noch. Zum Ende des Films sitzt sie allein in ihrem gigantischen Stadthaus. Resigniert? Nein! In der für sie charakteristischen Art spricht sie das Schlußwort des Films: »Tomorrow is another day.« In der deutschen Übersetzung heißt das völlig falsch: »Verschieben wir's auf morgen«, korrekter wäre »Morgen sieht alles ganz anders aus«. Scarlett verschiebt nichts, sie sieht den nächsten Tag als eine neue Herausforderung, ihre Ziele zu erreichen.

Nicht, daß ich Scarletts Methoden empfehlen möchte, aber sie veranschaulichen, daß für jeden Wunsch diverse Strategien zum Erreichen des Ziels vorhanden sind. Wie weit man dabei geht und welche Wege und Umwege man in Kauf nimmt, muß jeder für sich selbst entscheiden. Wer an Karma glaubt, wird nicht so rücksichtslos sein wie Scarlett. *Was* man aber von Scarlett abschauen kann, ist, Probleme als Herausforderungen zu betrachten. Und mit Geduld an der Erfüllung seiner Wünsche zu arbeiten. Nur wir selbst haben die Möglichkeit, etwas (an uns) zu ändern. Werden einem von außen Möglichkeiten geboten, so sollte man diese auch ergreifen und sich nicht scheuen, sich etwas zuzu*mut*en.

Das Leben ist Veränderung, Veränderung ist Leben. Herausforderungen sind Momente, die Aufregung in unser Dasein bringen und uns aus unserem Trott erlösen, auch wenn wir den gerade genießen. Jedes Ende ist ein Neuanfang, und wir dürfen uns nicht wieder an den Startpunkt zurücksetzen lassen, sondern müssen das, was wir auf dem Weg gelernt haben, in den Neuanfang miteinfließen lassen. Wenn wir in immer der gleichen Art und Weise auf Herausforderungen reagieren, werden sich die Aufgabenstellungen, die uns das Leben abfordert, auch nicht ändern und unser Leben wird monoton. Also: *Get on with it!* Haben Sie Spaß auf dem Weg zum Ziel. Seien Sie abenteuerlich – probieren Sie mal was Neues! Und hören Sie nie auf, sich Ziele zu setzen.

Epilog

Secret Garden

I still believe
I still believe
'cause after all is said and done
I'm still alive
And the boots have come and trampled on me
And I'm still alive
'cause the sun has kissed me
And caressed me
And I'm strong
And there's a chance
That I will grow
This I know.

Madonna

Literatur

William Blake: *Songs of Innocence and of Experience.* Oxford: Oxford University Press 1989

Georgette Dee: *Gib mir Liebeslied.* München: Deutscher Taschenbuch Verlag 1998

Marlene Dietrich: *Nehmt nur mein Leben.* Berlin: Henschel Verlag 1985

Cora Frost: *Mein Körper ist ein Hotel.* München: Deutscher Taschenbuch Verlag 1998

Rik Isensee: *Männer lieben Männer.* Berlin: Bruno Gmünder Verlag 1992

Klaus Koch, Bärbel Schwertfeger: *Zu zweit am Ende: Phasen der Trennung.* München: Deutscher Taschenbuch Verlag 1998

Craig Nelson: *Finding True Love in a Man-eat-man World.* New York: Dell 1996

Dorothy Parker: *The Collected Poetry of Dorothy Parker.* New York: Random House 1936

Rainer Maria Rilke: *Briefe an einen jungen Dichter.* Frankfurt am Main: Insel Verlag 1985

Joan Rivers: *Bouncing back.* New York: Harper Collins 1997

Anthony Robbins: *Awaken the Giant within.* New York: Fireside 1992

Tom Robbins: *Halbschlaf im Froschpyjama.* Reinbek: Rowohlt Taschenbuch Verlag 1998

Dan Savage: *Savage Love.* New York: Plume 1998

Deborah Tannen: *Das hab' ich nie gesagt.* München: Goldmann 1994

Deborah Tannen: *Du kannst mich einfach nicht verstehen.* München: Mosaik bei Goldmann 1998

Musik

I have a tale to tell …
Live to tell. Madonna/Patrick Leonard
SOMETHING TO REMEMBER

Papa don't preach …
Papa don't preach. Madonna/Brian Elliot TRUE BLUE

Cause we've got …
Guilty. Maurice, Robin & Barry GIBB GUILTY

Express yourself …
Express yourself. Madonna/Steven Bray LIKE A PRAYER

Somewhere …
Somewhere over the rainbow. Harburg/Arlen
THE WIZARD OF OZ Soundtrack

We're off to see the wizard …
We're off to see the wizard. Harburg/Arlen
THE WIZARD OF OZ Soundtrack

Lach, und die Welt lacht mit dir …
Wenn deine Küsse. Georgette Dee
LIVE IM SCHILLER-THEATER

Sie sah nach gar nichts aus …
Sie sah nach gar nichts aus. Hildegard Knef
ICH BRAUCH TAPETENWECHSEL
Molden Verlag, München 1972

Mach dir nicht ins Hemd …
Die Lemminge. Cora Frost/Terry Truck DIVA GUT

Ch-Ch-Ch-Changes …
Changes. David Bowie THE SINGLES COLLECTION

I'm gonna live …
Don't rain on my parade. Merril/Styne
FUNNY GIRL Soundtrack

Strike a pose …
Vogue. Madonna/Shep Pettibone I'M BREATHLESS

You don't own me …
You don't own me. Madara/White DIVA GUT

I know there is someone …
Has to be. Madonna/William Orbit/Patrick Leonard
RAY OF LIGHT Maxi CD

Manche Prinzen sind Engel …
Prinzen & Engel. Georgette Dee/Terry Truck SCHON SCHÖN

You haven't learned …
Now I know you know. Nile Rodgers/Bernard Edwards
KOOKOO

It's not my business …
Rescue me. Madonna/Shep Pettibone
THE IMMACULATE COLLECTION

Don't go for second best …
Express yourself. Madonna/Steven Bray LIKE A PRAYER

And it's hard to accept ...
Waiting. Madonna/A. Betts EROTICA

It was so easy ...
Waiting. Madonna/A. Betts EROTICA

I was angry with my friend ...
William Blake SONGS OF INNOCENCE AND OF EXPERIENCE
Oxford University Press, 1989

I don't want to know where ...
I don't want to know where. (Hab' ich nicht herausgefunden; Barbra Streisand hat nie zurückgemailt.)

Don't play with something ...
I want you. Leon Ware/T-Boy Ross
SOMETHING TO REMEMBER

Sex as a weapon ...
Sex as a weapon. Kelly/Steinberg PREMIUM GOLD COLLECTION

Ba ba da ba ba ba ...
To have and not to hold. Madonna/Rick Nowels
RAY OF LIGHT

I'm not your bitch ...
Human Nature. Madonna/Dave Hall/S. McKenzie/
M. Deering BEDTIME STORIES

Love is understanding ...
Rescue me. Madonna/Shep Pettibone
THE Immaculate COLLECTION

So you feel misunderstood ...
Strong enough. Barry/Taylor BELIEVE

Breaking up is never easy ...
Knowing me, knowing you. ABBA
THE SINGLES COLLECTION

You abandoned me ...
Love don't live here anymore. Miles Gregory
SOMETHING TO REMEMBER

I just don't know what to do with myself ...
I just don't know what to do with myself. Burt Bacharach/
H. David MY BEST FRIEND'S WEDDING Home Video
(Die Cameron Diaz-Version findet sich leider nicht auf
dem Soundtrack.)

I'm driving home from work ...
My first night without you. Lauper/Steinberg/Kelly
A NIGHT TO REMEMBER

Noch immer kann ich nicht zurück zu dir ...
Noch nicht. Georgette Dee/Terry Truck
LIVE IM SCHILLER-THEATER

You can forget about it Baby ...
Bye bye Baby. Madonna/Shep Pettibone EROTICA

Walk on, walk on …
You'll never walk alone. Rodgers/Hammerstein (Trotz langem Suchen habe ich besagte Garland-CD nicht gefunden, wahrscheinlich habe ich sie verliehen und nie zurückbekommen – irgendein Ex erfreut sich sicherlich gerade an ihr … Es gibt allerdings auch eine Aufnahme von dem Lied auf Barbra Streisands Album HIGHER GROUND.)

Il n'y a que le beau qui reste …
Il n'y a que le beau qui reste. Mouron/Claude Terranova
MOURON D'AMOUR

Set me free …
You just keep me hanging on. The Supremes oder auch auf
BEST OF KIM WILDE

Cry me a river …
Cry me a river. Arthur Hamilton (auch von Barbra Streisand erhältlich auf JUST FOR THE RECORD)

Your heart is not open …
The Power of Good-Bye. Madonna/Rick Nowels
RAY OF LIGHT

Forget your troubles …
Get happy. Arlen/Koehler
JUDY GARLAND - 25TH ANNIVERSARY RETROSPECTIVE

Gimme gimme gimme a man after midnight …
Gimme gimme gimme a man after midnight. ABBA
THE SINGLES COLLECTION

Here's my story …
Survival. Madonna/Dallas Austin BEDTIME STORIES

Nur nicht aus Liebe weinen ...
Nur nicht aus Liebe weinen. Theo Mackeben. Fassung von Georgette Dee LIVE IN DER DEUTSCHEN OPER

Secret Garden ...
Secret Garden. Madonna/A. Betts EROTICA